高等院校艺术设计类专业
"十三五"案例式规划教材

CI设计

■ 主　编　王　宇　贺　克
■ 副主编　徐靖琳　朱　君

华中科技大学出版社
http://www.hustp.com
中国·武汉

内容提要

本书挑选了许多清晰的和有设计感的图片，与知识点联系紧密，主要包括 CI 设计的论述、国内外 CI 设计的发展趋势、CI 设计的应用、CI 的案例的操作等内容，完美地展现了 CI 设计在各个领域内的多元化特征。此外，还将 CI 设计所包括的多个方面的内容进行逐一的讲述，让读者深切体会 CI 设计的魅力所在，从而产生浓厚的兴趣，主动地学习 CI 设计。

本书最后一章选用了大量 CI 设计的优秀案例进行欣赏，并从多个角度解析。此外，文中在很多地方添加了总结式的表格、课外补充的知识点、国内外的 VI 海报赏析等，素材丰富，趣味性浓。

本书可作为所有视觉传达专业、CI 设计专业等相关课程的教学用书。同时，对各类设计的从业人员、艺术爱好者等也有较高的参考价值。

图书在版编目（CIP）数据

CI 设计 / 王宇，贺克主编 . —武汉：华中科技大学出版社，2020.6（2024.8重印）
高等院校艺术设计类专业"十三五"案例式规划教材
ISBN 978-7-5680-5764-6

Ⅰ. ①C… Ⅱ. ①王… ②贺… Ⅲ. ①企业形象－设计－高等学校－教材 Ⅳ. ①F272-05

中国版本图书馆CIP数据核字(2020)第022051号

CI 设计
CI Sheji

王 宇 贺 克 主编

策划编辑：	金　紫
责任编辑：	周怡露
封面设计：	原色设计
责任校对：	阮　敏
责任监印：	朱　玢
出版发行：	华中科技大学出版社（中国·武汉）　电话：(027)81321913
	武汉市东湖新技术开发区华工科技园　邮编：430223
录　　排：	华中科技大学惠友文印中心
印　　刷：	湖北新华印务有限公司
开　　本：	880mm×1194mm　1/16
印　　张：	9
字　　数：	197 千字
版　　次：	2024 年 8 月第 1 版第 3 次印刷
定　　价：	58.00 元

本书若有印装质量问题，请向出版社营销中心调换
全国免费服务热线：400-6679-118　竭诚为您服务
版权所有　侵权必究

前言
Preface

CI 全称 CIS（Corporate Identity System），即企业识别系统。CI 设计是企业和企业品牌在市场开拓中，通过梳理资源和创意手法，创建企业和企业品牌形象的重要手段，是企业参与商业市场竞争最基础、最关键的工作模块。CI 设计是现代视觉传达设计中的重要组成部分。

CI 设计主要介绍如何利用 VI 视觉识别系统来准确引导企业发展与定位。CI 设计要打破传统 VI 课程只停留于实践操作的层面上，将 VI 设计从手册制定转变为以品牌塑造为目的的整体视觉设计，可以让设计师自己把握品牌的概念，更加丰富品牌的整体性，而不失变化。要运用创新思维来进行企业形象识别设计。

早在 20 世纪 80 年代，我国就开始引入 CI 设计。首先是在各大美术院校里面推广 CI 设计，使其成为平面设计专业（视觉传达设计专业前身）的一门设计理论课程，这也促使 CI 设计在我国从一开始就形成了理论优势，即理论观点较为全面、客观，但是也缺少了设计实践。传统的 CI 与真正意义上完整的 CI 设计有较大区别，同时现代企业管理者对 CI 的认识也存在一定的误区，导致其在发展过程中有所偏离，这也是 CI 设计发展受到制约的重要原因。

现代 CI 设计讲求系统性，要求 CI 设计中的各个环节全面涉及，MI、VI、BI 是其中不可缺少的三大组成部分。本书从建立形象识别的角度出发，主要讲述视觉系统概念与实践方法。文中提出的概念多配合案例的解析，具体介绍了设计师的创作思路、表现手法，由浅入深、由点及面地阐述视觉识别设计的要领，并培养设计师的实践操作能力。

在本书的编写过程中，作者对多年教学与设计实践的积累进行了总结，对当前 CI 设计教学内容进行了细致梳理，对于较难理解和掌握的问题进行了详细分析。同时结合内容新颖和很强的时代特征的案例，追踪当今社会知名企业、品牌进行分析，丰富 CI 设计的内容，拓展相关理论。

本书由北京理工大学珠海学院王宇担任第一主编，贺克担任第二主编，武汉城市职业学院徐靖琳，广东技术师范大学天河学院朱君担任副主编。王宇负责编写第一章、第二章（5.8 万字），贺克负责编写第三章（5 万字），徐靖琳编写第四至六章（6.2 万字），朱君负责全书统稿。

本书在编写中得到以下同事、同学的支持：代曦、万丹、王鹏、王祺、王思艺、王志林、王子乐、翁欣悦、肖吉超、肖伟、颜海峰、杨洋、余沛、余嗣禹、张婷、张圆、赵甜甜、赵维群、周洲、朱玉琳、王宇星、郑坚、蔡壮、严庆、邓志焱、秦雪凯、张立威、王鹏、杜颖辉、汤留泉。感谢他们为此书提供资料。

编　者
2019 年 4 月

目录
Contents

第一章　CI 设计概论 /1
　第一节　CI 设计的内容与意义 /2
　第二节　CI 设计起源 /5
　第三节　CI 设计特征及功能 /8
　第四节　MI 的要素 /13
　第五节　CI 设计的原则及企业形象应用 /17

第二章　CI 设计的历史发展 /23
　第一节　中国 CI 设计发展 /24
　第二节　外国 CI 设计发展 /31
　第三节　CI 设计创意构思 /33
　第四节　国内外的企业理念与企业文化 /37

第三章　VI 设计与品牌塑造 /47
　第一节　企业品牌塑造 /48
　第二节　品牌 VI 设计的内容与方法 /52
　第三节　优秀与失败的企业 VI 设计 /59

第四章　VI 视觉创意设计 /69
　第一节　VI 设计 /70
　第二节　标志设计 /81
　第三节　企业吉祥物设计 /85
　第四节　VI 色彩系统的构成 /90

第五章　CI 应用系统设计 /97
　第一节　环境指示导向系统设计 /98
　第二节　企业标志设计中的字体与图形 /102
　第三节　交通工具的外观设计 /108
　第四节　企业工作服设计的意义 /108
　第五节　企业包装设计 /111

第六章　CI 设计案例赏析 /121
　第一节　火锅店（玉林串串香）CI 设计案例赏析 /122
　第二节　楼盘销售（国控御景台）CI 设计案例赏析 /126
　第三节　制造、加工行业（友邦袜业）CI 设计案例赏析 /128

参考文献 /135

第一章
CI 设计概论

学习难度：★★☆☆☆

重点概念：特征、起源、构成

章节导读

本章介绍了 CI 设计的发展历程，展示 CI 设计发展的历史轨迹，掌握 CI 设计发展的规律和模式，加深对 CI 设计的认识，可以更好地服务于各行各业。CI 设计作为一种系统的经营策略，最早出现于 20 世纪 80 年代，欧美、日本等发达国家的企业率先使用，创造了良好的经济效益，因此 CI 设计得到了大力推广。CI 设计产生于现代市场经济，并在国际化的企业竞争中逐步完善。然而，CI 设计具有的企业识别功能，却不是现代人发明的，它有着久远的历史，在不同的文化领域中都得到了应用（图 1-1）。

图 1-1　CI 设计

第一节　CI 设计的内容与意义

一、CI 设计的内容

CI 设计是一个系统工程,由三大核心部分构成:理念识别(Mind Identity,简称 MI)、行为识别(Behaviour Identity,简称 BI)和视觉识别(Visual Identity,简称 VI)。CI 设计的功能是建立企业识别,塑造品牌形象。

一个企业、一个品牌,就如同一个人,其中的理念识别就如同人的个性和价值观。行为识别,等同于人的行为举止、作风;视觉识别,等同于人的穿着和打扮。表里如一才能给他人留下良好的第一印象,而成功的 CI 设计也是如此(表1-1)。

表1-1　CI 设计三大元素

组　成		基 本 概 念
BI 行为识别	对内	奖惩制度、服务水平、工作精神、员工教育、员工福利、服务态度、工作气氛
	对外	市场调查、活动促销、商品品质、公益活动、金融关系、竞争策略、流通对象
VI 视觉识别	基础系统	企业标志的设计、企业标准字体的设计、企业标准色、辅助性视觉识别
	应用系统	企业环境与指示识别系统、商品包装识别系统、商品展示与陈列系统、广告识别系统
MI 理念识别		精神标语、经营理念、CI 手册、管理原则、发展策略、企业文化、企业理念

1. BI——做

BI 是 Behavior Identity 的缩写，是指企业的行为识别，是对理念识别的实践，是一种动态的识别方式。相对于理念识别而言，行为识别更具体，实践性更强。

行为识别包括对内和对外两种识别活动。东方国家的行为识别延续历史文脉，在标准规范的要求下，增加心理诉求与情感表达，以东方人特有的内向情感表达方式来执行企业的行为识别。

2. VI——看

VI 是 Visual Identity 的缩写，是指企业的视觉识别，是对理念识别的视觉表现和形象化的实施，通过具体的视觉符号来表达出抽象理念。

视觉识别包括基础要素（系统）与应用要素（系统）两部分，基础要素是建立企业形象并设定标准，应用要素是将企业形象通过不同内容进行推广。

国内外很多企业在视觉识别上有很多不同特点。国外企业的视觉识别强调形象直观、一目了然，设计表达简洁、应用务实，注重与受众之间的交流。东方国家的视觉识别强调形象塑造含蓄，内容丰富，应用表达注重和谐稳定、不张扬，体现出不同文化背景（图 1-2～图 1-4）。

3. MI——想

MI 是 Mind Identity 的缩写，是指企业的理念识别或企业经营观念。在完整的 CI 形象识别中，理念是企业识别的核心所在。

企业理念识别是一种抽象的思想，是看不见、摸不着的。东方国家的企业理念更注重企业精神与企业文化，强调人文关怀，富有哲学思想。这使得企业形象更具深度，在不同文化背景中，凸显企业个性。

二、CI 设计的意义

在企业形象设计中，CI 设计塑造了企业（或产品）形象的差异性，强调信息传达的高效性、标准化和统一性，通过一体化形象，使得企业对外输出的信息达到整体效果，

图 1-2　国外企业网站

图 1-3　国内企业网站

图 1-4 肯德基视觉形象创意设计

以整齐的形象来谋求品牌在大众脑海中的地位,并求得大众对品牌从认识到信任的转变过程。

品牌的形象成为企业无形资产的承载要素,这种信息经过浓缩后,将企业所有的能量汇聚于一点,锐利有力地揳入市场信息,让企业能参与市场博弈。

从 20 世纪 90 年代起,肯德基将 LOGO 中的 "Kentucky Fried Chicken" 缩写为 KFC,避免了"Fried"(油炸)使人联想到的肥胖、脂肪等负面信息。新的 LOGO 由美国旧金山市的 Tesser 公司设计,整体形象充满活力,立体感强烈。在不使用投影的情况下显示出一个完美的图案外形,可以更直接地传达信息,并且比使用投影的标志更显眼(图 1-5)。

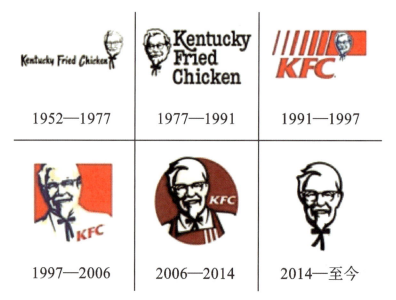

图 1-5 肯德基 LOGO 的发展历程

第二节　CI 设计起源

一、CI 设计在欧洲的起源

一直以来，欧洲在全球范围内属于高度文明化的社会，人们有平和的心态去对待即将发生的一切，尤其是一些新兴事物，具有很强的包容力。同时，欧洲经济发达，人们物质生活较丰富，对中低端产品价格反应较小，因此欧洲人的品牌意识较强，对无标志、无形象的产品认可度很低，这也是欧洲 CI 设计发展平稳的重要原因。

1914 年，德国电器巨头 AEG 电器公司聘请德国著名建筑学家比德贝·汉斯为公司的设计顾问，汉斯为公司的商标、包装、便条纸和信封进行了统一设计，引领了形象识别的发展，商标的使用范围得到扩大。企业形象不只单纯与产品相关联，还通过包装及其他事物得以展现。这一举措引起了企业管理层的普遍关注，视觉形象识别由此开始，但这种设计尚未被称为 CI。

作为高端家电的代表，AEG 的 LOGO 在形象上需要将其过硬的品质与永远走在现代高科技的前端这一信息传达出来。黑色虽然能表现出其稳定过硬的品质，但却显得单调、生硬，而从黑色转变为热烈的、高纯度的红色，代表着现代人对高品质生活的热烈追求（图 1-6）。

Franz Schwechten(1896)

Otto Eckermann(1900)

Perer Behrens(1900)

Perer Behrens(1908)

Perer Behrens(1908)

Perer Behrens(1912)

1985

1996

1996(submarca)

2004

2010

2016

图 1-6　AEG LOGO 演变过程

20世纪30年代,英国正在修建伦敦地铁。为了让市民熟悉这一新兴的城市交通工具,伦敦政府邀请了艾德瓦·琼斯顿等著名设计师,为地铁站的站牌、车票、宣传海报等进行设计,统一的视觉形象在不同媒体上重复亮相,强化了市民对新地铁的心理感受。今天,当我们走在伦敦街头时,圆形红蓝标志能清晰准确地指引人们的行走方向(图1-7)。伦敦地铁形象设计带动了其他国家和地区公共交通形象的完善与推广,成为全世界早期公共交通设施形象设计的典范,为统一企业视觉起到了积极作用,被视为CI视觉识别的雏形。

图1-7 英国伦敦地铁站

二、CI设计在美国的起源

20世纪50年代初,美国在第二次世界大战后经济快速增长,新兴企业不断建立、发展,老牌企业不断扩张,从而使美国的经济进入了黄金时期。在这一时期,美国经济实力强大,汇集了当时欧洲最著名的设计师,于是开始了CI的营销之路。这一时期也成为美国CI设计的起源。

美国企业在进行CI设计时目的性较强,着重强调其商业价值,通过塑造企业形象来推销商品,以提升业绩,因此以营销为目的的企业形象设计由此而生。美国企业在使用CI策略营销企业时,更注重视觉形象的建立与推广,以统一形象为重点,标志的标准化使用、标准色的普遍运用、标准字体的规范书写,都为企业创造了良好的、规范的视觉识别效果。同时,美国企业进行视觉设计还强调美的表达与应用,恰如其分地反映商品的品质感与时尚感,将美的视觉表现传达给受众,为受众带来强烈的感染力及冲击力(图1-8、图1-9)。

图 1-8　美国 VI 设计

图 1-9　视觉创意设计

三、CI 设计在中国的起源

CI 设计在我国的兴起源于商业竞争，具有勇于探索和追求实效的特点，台湾地区和香港地区的CI设计风格尤甚。台湾的CI设计风格以注重企业文化内涵的体现为首要原则，从企业理念入手，关注服务，关怀人性。从 20 世纪 80 年代开始，台湾的一些企业在日本设计理念及儒家文化背景的熏陶下，逐渐形成了自己的 CI 设计风格，并开启了企业导入 CI 的热潮。

在台湾，官方和民间协会组织合作，推动了 CI 朝向本土化发展。直至今天，台湾 CI 设计虽然还保留了部分日本 CI 设计的特点，但是受儒家文化的影响，台湾 CI 形成了更具文化内涵的特点，形象策略内敛平实，设计表现活力张扬，整体更具东方文化底蕴和中国地域特色（图 1-10、图 1-11）。

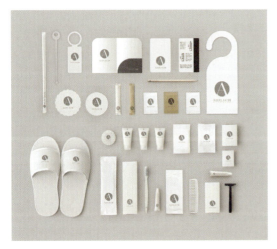

图 1-10　台湾 VI 设计

图 1-11　钥匙扣设计

香港的 CI 设计更具备其自身的特点。受历史影响，香港 CI 设计在表现上受欧洲影响较明显，拥有国际视野。香港因特殊的地理位置成为东西方的国际交流平台，因此，西方的外在形式与文明，东方的内在文化与精神，使香港CI设计的表达形式更具融合性、交汇性和包容性。

香港是国际贸易的自由港，享受着零关税政策所带来的经济繁荣，这也促使它的设计创意等服务业较为发达。香港的设计行业初期以视觉传达设计为主，主要进行品牌形象的塑造。国际知名企业的品牌及商品将品牌形象的理念、设计、服务带入香港，促进了香港的形象设计审美水准的提高。在香港，西方的美学标准和中国传统元素的碰撞，使设计带有中西合并、雅俗共赏的视觉效果和全新的文化内涵。以靳埭强、陈幼坚为代表的香港本土设计师，将中国传统元素与西方设计理念巧妙结合，创造出许多令人印象深刻的品牌形象（图1-12、图1-13）。

图1-12　靳埭强设计的作品　　　　图1-13　陈幼坚设计的作品

通过对CI设计历程的回顾，我们可以清楚地看到：美国的CI以VI为核心，强调视觉识别的功能；日本的CI以MI为核心，深入企业的价值观深处，并以此来统摄BI和VI，更具文化内涵。

全球经济步入信息化时代，商品竞争逐渐演变为品牌竞争，CI也随之从初始的企业识别变为品牌识别，品牌建设成为参与市场竞争的必要手段。从理论上来讲，所有参与市场的企业都必须经过CI的包装后才有资格参与市场角逐，而缺乏品牌包装的产品终将因缺乏竞争力而被市场淘汰。

随着市场消费由大众型消费向个别型消费过渡，富于谋略、个性张扬、与时俱进成为市场对CI提出的新要求。视觉上主张个性，功能上注重实效，不再是一味注重大而全，而是围绕品牌的自身需求与未来规划，随机应变。现代CI设计是在规范性框架下的创造性发挥，其创新的需求是切实的，空间是广大的。

第三节　CI设计特征及功能

一、CI设计的特征

1. 系统整体性

CI设计是一个完整的形象开发系统工程。这个整体是全面而完整的，系统是有秩序、有层次的。它将企业的理念、发展规划、产品规划、行为规范、形象塑造等方面作为一个相互联系的有机整体进行策划与设计（图1-14）。理念决定企业的发展，规划确定企业的定位，产品决定企业的发展，行为体现企业的形象，视觉形象加深消费者的印象。每个部分都是企业发展必不可少的一部分，因此不能割裂开来。同时每个部分之间又存在着有序的关系，不能逆向。系统整体性还体现在CI设计涉及的领域，包括传播学、营销学、广告学、设计学等，它们之间相互渗透、相互影响。单纯强调某一方面，只能使企业的发展逐渐走向不平衡而面临危机。系统整体的CI设计是企业宣传的有效手段。

图1-14　形象与理念的有机联系

2. 一贯性

想要树立好一个成功的品牌形象，需要在长期执行过程中严格遵照CI设计手册的要求，秉持严谨、一丝不苟的设计原则，保持一贯作风，以设计的基本色、主体LOGO为核心，将设计思维贯彻到其他各个设计细节中，丰富并完善整体的CI设计。

CI设计的一贯性体现在设计的方方面面，将任何LOGO设计都延续到CI设计层面，对CI设计不断延续化发展，生活中的任何创意设计都可以通过CI设计来拓展（图1-15）。

3. 标准变化

CI设计是将企业形象进行标准化的设定与规范化的使用。CI设计设定标志、标准色、标准字、标准的组合规范等，都是将设定的规范作为一种基础标准，以此衡量企业形象在实施过程中的运用情况。

企业在形象上、行为上、产品上具有的统一、严格的规范，即是CI设计执行的标准。标准是一种统一的规范和管理依据，一旦设定将不能轻易改变，但是CI设计的标准制定后并不是一成不变的，随着时间的变化、现代科技的发展、市场规模和受众的调整，企业的经营规模、管理部门必然会随之改变，CI设计也应做出相应的调整、修正并不断完善。

(a)   (b)

图 1-15 小物品创意设计

　　CI 设计是一个长期的系统工程，不能一蹴而就，应该根据企业的需要，在企业的不同发展阶段对其形象进行调整，例如更换标志、广告语等，以此使企业更具活力。

4. 传播与宣传

　　信息的传递和信息系统的运行形成了传播，信息是传播的内容，而传播的范畴包括宣传、广告、公关等。宣传是为了达到某个目的而传递的某种主张、观点或思想，并影响和争取特定对象。

　　传播与宣传有很多相似的地方，宣传是表达主观意愿的传播，以达到推广目的。传播与宣传的不同之处在于，传播是客观的信息表述，受大众判断与决策影响；而宣传是寻求大众的支持，让大众按照宣传者的意图去赋予行动，与传播相比，宣传的目的性更强。

　　对企业有效地进行信息传播，大众才能对企业及其产品有充分的了解并留下深刻的印象，从而达到宣传企业和品牌的作用。不同的媒体，其形象传播的渠道也会有不同的形式。传播也是一种交流，它是对信息传递、接受、反馈活动的总称。传播的对象是全方位和多层次的，不局限于消费者群体，企业内部和社会大众都是其传播对象，同时也参与了形象传播。CI 设计是通过传播信息，让大众对产品或服务产生客观认识，通过品牌理念、形象、活动、服务对大众进行广告宣传，从而扩大企业的知名度，让大众对企业产生好感（图 1-16、图 1-17）。

5. 战略性

　　战略原用于军队的作战术语，是指一种有智慧和有谋略的全局规划。在现代经济社会中，战略被用来指对经济全局发展的谋划，带有全局性、长期性的经济发展方针（图 1-18）。在企业发展中，战略就是指对企业自上而下的整体性规划过程。企业不断发展，

图 1-16 汽车宣传图

图 1-17 永和豆浆宣传图

使其对自身的形象策划与设计也不断有需求（图 1-19），因此，CI 设计对于企业来说是一项用时较长的战略性工程。企业从建立到成熟是一个长期的过程，CI 设计一直伴随企业的成长，CI 设计的策略也是促使企业健康发展的手段之一。它在企业的不同发展时期，都为企业的发展塑造形象，以使企业更加适应市场的变化。

图 1-18 企业某一时期的经济发展规划

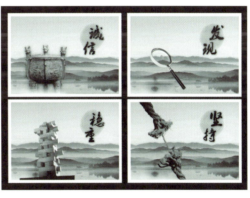
图 1-19 企业文化视觉形象设计

视觉形象依附于企业理念，设计必须富有艺术化、国际化并且简洁易读。

二、CI 设计的功能

CI 设计的功能分为内部功能和外部功能。

1. CI 设计的内部功能

（1）凝聚功能。从企业角度，CI 设计可以树立起一个良好的企业品牌形象，从而使公司内部产生一种凝聚力，协助提升企业内部的管理效率，获取更大的企业利润；从产品角度，通过整合形象，将复杂、松散的产品群团结为紧密、有序的产品"家族"，有效增强产品的竞争力（图 1-20）。

（2）整合功能。CI 设计会建立一个客观的约束机制，将原本分散的个体通过制定的规则划归到一起，使每一个子公司、子产品形成联动，彼此协作与支持，成为一个有序的整体。

（3）规范功能。CI 设计所构建的统一化形象规范了多环节的执行应用，有效提升了企业、品牌的管理效率，规避不良操作的发生。

（4）增值功能。CI设计所打造的品牌是一种无形资产，品牌本身可以作为商品出售。随着品牌的成长，品牌知名度、美誉度、忠诚度的提高，品牌的价值也随之增长。

(a)

(b)

图1-20 形成产品群

2.CI设计的外部功能

（1）识别功能。这是最基本、最原始的功能。CI设计的独创性使企业产品与其他同类产品区别开来，从而帮助消费者减少在选购商品时所花费的时间与精力。

（2）传播功能。企业、产品借助CI设计构建的鲜明的视觉形象向社会公众推广传播，以争取到大众的关注与信赖，从而扩大品牌的认知度与美誉度，并最终影响品牌所占据的市场份额。

（3）促销功能。消费者的购买行为首先表现为比较、选择，有效的品牌区分，加上良好的、符合大众兴趣偏好的品牌形象，最终影响购买行为。

（4）保护功能。CI的实施及品牌形象的树立会留给社会公众诚信与安全的良好印象，

小贴士

CI设计的个性化原则

CI设计从根本上是塑造企业的个性，其特点便是差异化。个性化的企业形象设计有助于吸引大众的注意力，有利于确立企业在市场上的位置。在经济环境中，行业自身特点和市场环境的不同，造成行业差别明显，呈现出不同的行业特色。因此不同行业间的企业形象塑造差异自然明显，个性必然鲜明。

因为品牌商标经注册后受到法律保护，企业可以规避商标侵权的风险，消费者遇到产品质量问题时也可以追究品牌经营者的责任。从这个角度讲，CI 保护了企业与受众双方的利益，构建出一种和谐的社会关系与商业环境。

第四节　MI 的要素

MI 是 CI 中的理念识别，是构成 CI 的最高决策层，也是整个 CI 设计的核心，它统领着整个 CI 设计的走向与日后的发展，视觉识别与行为识别都是它的外在表现。MI 是 CI 的精神内涵，是企业文化的经典概括，它是在充分反映社会、文化和管理的未来趋势的基础上，对企业长期积淀的精神财富和对未来的发展追求进行的理性升华，用以规范企业日常的行为和管理，关注和指导企业长远的发展。

要使企业在激烈的市场竞争中立于不败之地，取得长远的发展与成就，企业领导人所具有的人生观、价值观、世界观以及理想抱负、社会责任感是十分重要的，企业的理念往往是这种理想和使命的延伸。仅仅靠追逐金钱享乐的欲望是无法支撑起一个真正成功的大企业的。经营理念或经营战略是企业对外界的宣言，从表明企业觉悟到应该如何去做，让外界真正了解经营者的价值观。即使说企业的存在意义（企业使命）还有一定的抽象性，企业的经营理念也不应停留在抽象的概念上（图 1-21）。

图 1-21　企业经营理念一

MI 是企业识别系统的核心。它不仅是一个企业经营的宗旨与方针，还包括一种鲜明的企业文化价值观。对外，它是企业识别的尺度；对内，它是企业内在的凝聚力。完整的企业识别系统的建立，首先有赖于企业经营理念的确立（图 1-22）。

图1-22 企业经营理念二

MI是确立企业独具特色的经营理念，是企业生产经营过程中设计、科研、生产、营销、服务、管理等经营理念的识别系统。它是企业对当前和未来一定时期内的经营目标、经营思想、营销方式和营销形态所做的总体规划和界定，主要包括企业精神、企业价值观、企业信条、经营宗旨、经营方针、市场定位、产业构成、组织体制、社会责任和发展规划等，也可分为以下两个层次的内容（图1-23）。

(a)

(b)

图1-23 企业中的MI内容

（1）企业制度和组织结构层面上，包括各种管理制度、规章制度及生产经营过程中的交往方式、生产方式、生活方式和行为准则。

（2）企业精神文化层面上，包括企业及员工的概念、心理和意识形态等。

MI主要包括三个要素：企业存在的意义（企业使命）、企业的经营理念（经营战略）和企业的行为规范（员工的行为准则），如图1-24所示。我们可以看出，企业使命是企业的最高原则，由此决定企业的经营理念，而经营理念又决定企业每一个员工的行为准则。这三者之间是环环相扣、密不可分的，它们共同构成一个整体。

图1-24　MI三要素关系图

一、企业使命

企业使命是指企业依据使命开展各种经营活动。企业使命是构成企业理念识别的出发点，也是企业行动的原动力。没有这个原动力，企业将会处于瘫痪状态，即使在运营，也将是没有生气的，走向破产的边缘（图1-25）。

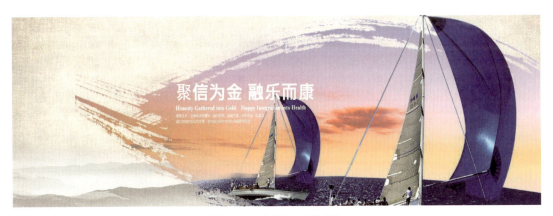

图1-25　企业使命宣传广告

二、经营理念

经营理念（或经营战略）是企业对外界的宣言，表明企业知道应该如何去做，让外界真正了解经营者的价值观（图1-26）。如果说企业的存在意义（企业使命）还有一定的抽象性，那么，经营理念就无法停留在抽象的概念上。

1. 企业的经营方向

企业形象的好坏在很大程度上取决于企业的经营方向是否正确，以及对目标市场需求的满足程度。企业一定要依据自身的经营条件和能力选定目标市场，根据目标市场的需求状况和变动趋势，生产经营适销的产品，不断调整产品结构，使顾客的需求得到最大限度的满足。

(a) (b)

图 1-26　企业的经营理念宣传广告

2. 企业的经营思想

企业的经营思想是企业经营理念最核心的部分。简单地说，经营思想就是企业根据自己内部条件和外部环境，来确定企业的经营宗旨、目的、方针、发展方向和近远期目标的规划，以及实现经营目标的途径。

3. 企业经营战略

即指导一个企业全部经营活动的根本方针和政策，是企业各方面工作的中心和主题。它规定企业的经营方向和业务活动范围，从而确定企业的性质和形象，规定企业的经营目标、长远发展目标和中短期目标，提出达到经营目标的战略方针、途径和重点，决定具体的行动计划和实施方案。

企业经营战略的原则主要有竞争原则、盈利原则、用户至上原则、质量原则、创新原则和服务原则。

三、行为规范

理念识别的第三个要素就是行为规范。行为规范不仅指企业的行为规范，也包括企业每一个员工的行为准则。例如，作为世界快餐行业巨头的麦当劳公司，以"与其靠着墙休息，不如起身打扫"为员工行为规范。

麦当劳公司经历过经营惨淡时期，在那个时期里，客流量很少，员工因为无事可做，只好靠着墙休息。麦当劳公司的高层们于是制定出一套行为规范，要求店内的服务员在没有客人需要招待的时候，细致地打扫店里的卫生，营造更洁净、优雅的店内环境，以此吸引顾客的不断光临。这一行为规范为麦当劳公司树立了良好的企业形象。

企业的行为规范体现了企业对员工的要求。进一步说，也就是在正确的经营理念的指导下，对员工的言行提出具体要求。例如我们常见的，企业制定的服务公约、劳动纪律、行为规范以及操作要求等（图 1-27）。

图 1-27　企业员工行为规范

第五节　CI 设计的原则及企业形象应用

一、CI 设计的原则

每个企业都有其独特的个性，CI 设计是以塑造企业个性为原则的。企业树立形象的过程，也是企业文化的构筑过程，因此企业形象往往也蕴含着这个企业的民族性，企业文化必然与企业主体人群所属的传统文化密切相关。具有民族性的 CI 设计，能使企业形象在国际化市场中突显品牌的民族特色。

在选择 CI 设计的形象设计元素时，需要将企业主体人群所具有的民族精神、民族信仰、民族心理、民族审美情趣等作为依据，以此来设计企业的标志、标准色以及标准字体等。具有中国传统风格的图形和色彩在现代中国的企业形象设计中会经常用到，它是具有中国民族文化传统和民族风貌的特色符号（图 1-28、图 1-29）。

日本的企业形象带有浓郁的民族气质和传统文化精髓，图形运用饱满，企业形象色多选择稳重、理性的色彩，较少使用高纯度的色彩，文字多用粗体字，尽量避免尖利造型，因此日本企业形象设计呈现出平和稳定的视觉效果。

图 1-28　传统"福"字设计　　　　　图 1-29　"七夕"字体设计

二、CI 设计的企业形象应用

企业形象是企业的内涵、精神、特质的外在表现形式，同时通过对企业员工的形象及行为标准、产品的品质、企业的发展等方面对企业进行全面解读。企业形象是抽象的、理念性的、全面的，它是靠企业名称、标准字、标准色、象征图案、办公用品等直观地向社会传播相关信息，为社会所接受（图1-30、图1-31）。

图1-30　办公用品

企业信封有普通型、长型、角型和开窗型，尺寸多样。

图1-31　公司吊旗广告

CI 设计正是将各种视觉手段在不同的时间、场合，用统一独特的符号进行传播，从而引起大众的注意，并使大众接受企业。对于宾馆、饭店、学校等服务型企业来说，其企业形象直接影响到业绩；对于生产型企业来说，产品品牌被市场认知后，也能起到很好的辅助作用。

企业形象也是企业大规模化经营而引发的企业对内和对外管理行为的体现。在当今国际市场竞争越来越激烈的形势下，企业之间的竞争已经不仅仅是产品、质量、技术等方面的竞争。企业欲求生存，必须从管理、观念、形象等方面进行调整和更新，制定出长远的发展规划和战略，才能适应市场环境的变化。

　　随着市场竞争的日趋激烈，越来越多的企业开始认识到品牌是企业生存和立足之本。品牌竞争已成为企业间竞争的最高表现形式，品牌战在商界被誉为"最后的商战"。谈到企业识别系统，狭义上会将 CI 涉及的领域定格在公司、企业、集团这一类实体的形象设计中，这显然很不全面。通常，与大众"亲密接触"的多数并非企业。细数我们所熟知的，会发现其中绝大多数是消费类产品的品牌。因为消费者直接接触的是产品，而非背后的生产企业。由此，为企业构建识别形象的 CI 设计已演变为以品牌为核心的形象塑造工程（图 1-32）。品牌既包含了生产企业的品牌，也包含企业所属的产品品牌。因此，品牌识别所涵盖的范围更完整。

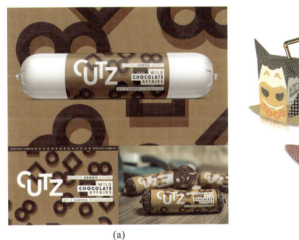
(a)

(b)

图 1-32　以品牌为核心

　　在这个基础之上，围绕公司、企业、集团的品牌标志展开整体形象的规划设计，其中应用性设计主要涉及办公用品、公关礼品、员工服饰、办公环境指示系统、招牌广告等。企业品牌 CI 的导入，必须在实际执行中发挥作用，保护并强化企业资产，其中包装设计更是在品牌大精神统筹下的视觉设计方案。

　　包装与媒体形象、促销形象、店面形象存在视觉统一与互动关系，注重打造整体的市场形象，形成视觉合力，从纷乱的市场混战中脱颖而出。现今 CI 大方向正开始将焦点从建立以自我为主导的企业机构形象，转移到以消费者定位的产品品牌形象上。以 MI 为主导的品牌形象以其高针对性、适应性、灵活性成为 CI 的发展趋势，其优势在于：

　　（1）适合各类型企业，包括新兴中小型企业、新兴的销售模式（网上销售、专卖店等）等。

　　（2）以产品销售、市场受众为主导，个性化强，更贴近消费者。

　　（3）开发周期灵活，定位更准确，完全根据产品市场的变化而动。

　　环境品牌 CI 主要指商场、展会、博物馆、机场、火车站等大型公共场所，以及主题环境设计中所包含的视觉识别工程的建设，其应用性设计主要涉及指示导向系统、空间色彩规划、公共道具、交通工具等（图1-33）。

各个品牌的特性及特质透过周围的事物，以富有创意的方式表达，呈现出一种能娱乐、教化及引导人的神奇力量，成功的环境品牌塑造能引导顾客一再光顾，并建立起良好的口碑。在这个领域，零售设计、展览及博物馆设计、飞机内部装潢、标示系统以及主题环境方面的设计专家，都能将品牌信息转换成立体的形式与空间。不论是要发展符合商业策略的概念，还是将品牌的视觉语言融入内部装潢之中，环境品牌设计的解决方案能在扩大品牌传播力的同时，给人以更加鲜活、难忘的感官体验。

图1-33　伦敦地铁标识

本 / 章 / 小 / 结

本章介绍了CI设计的基础知识，理清了CI设计的起源与发展状况，并结合CI设计的特征及功能，点明CI设计的原则与应用，使大家对CI设计有了较为全面和一定深度的认识。日常生活中，要时常留意身边的CI设计作品，通过收集、拍摄、网络下载等方式，为今后的工作做好充足的素材准备。

思考与练习

1. CI 设计包括哪几点?

2. CI 设计的特征有哪些?

3. 企业形象包括哪些方面?

4. 观察生活中的各种事物,发现 CI 设计的存在。

5. 课后查阅中国传统元素在 CI 设计中的表现。

第二章
CI 设计的历史发展

学习难度：★★★☆☆

重点概念：趋势、设计构思、思维模式、设计理念

章节导读　随着中国改革开放的深入，经济迅速发展，打破了原有的计划经济时代的约束，这个时期如果没有营销推广，没有广告的宣传，很多企业将无法生存。想要赢得市场，就要尊重市场，继而了解市场的规律。在激烈的商业竞争中，企业和产品想要脱颖而出，商业化的宣传和推广必不可少（图2-1）。

图 2-1　CI 设计创意图标

第一节　中国 CI 设计发展

一、CI 设计在中国的萌芽与发展

随着改革开放的逐渐深入，人们的意识也开始有了很大的变化。开放的环境必然伴随着愈来愈强烈的市场竞争，企业如果不参与竞争，就会被市场淘汰。这个时候，企业如果想要适应新的经济形势下的市场，就必须要转变观念，才能化被动为主动。

在我国计划经济时期，由于缺少了企业品牌的概念，计划生产、定点销售的模式使企业家缺少名牌意识和品牌观念。随着经济市场的发展，同类产品的生产企业越来越多，竞争越来越大，如何让自己的产品在同类产品中脱颖而出，成为企业亟待解决的问题。企业家除了需要不断提升产品的质量和产品技术创新开发，还需要建立企业的形象，提高企业在市场的识别度。同时也是为了企业形象的建立不只是产品的识别，更重要的是为了产品在市场竞争中脱颖而出，使企业形象成为产品卓有成效的宣传手段。

现在很多知名产品遍布市场之后，随之而来的便是假冒伪劣产品。企业必须创造个性鲜明的企业形象，有效地保护产品，消费者才能更容易识别产品的真假。

从消费者的角度来看，市场中同款的产品有很多样，消费者的选择余地在不断增大，更注重产品质量。对于消费者而言，品牌是商品信誉的保证，产品背后的企业是产品的有力支撑。企业树立良好的形象，会极大地促进消费者的购买欲望。良好的品牌形象定位要满足消费者追求品牌的心理需求（图 2-2、图 2-3）。

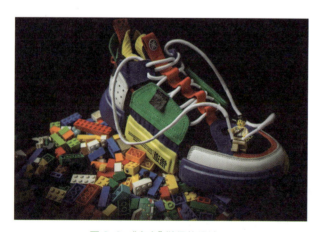
图 2-2　"李宁"鞋子的设计

图 2-3　零食"米老头"的图标设计

二、CI 设计引入中国的主要问题

1. 地区分布不平衡

由于我国南方与东部沿海地区经济相对比较发达，市场的意识较为强烈，因而对 CI 设计接受较早，同时导入 CI 的企业数量也比较多，而在北方地区则相对少一些。规模大、实力强的企业客观上需要建立较为稳定的形象识别体系来稳定其市场形象（图 2-4、图

2-5），因而导入 CI 较多；而中小企业在市场竞争中大多处于维持生存、寻求发展机会的阶段，这些企业一般没有太多资金用于 CI 的投资上。

另外，不同企业在导入 CI 方面也存在一定的差异。一般来讲，国有中小企业、集体乡镇企业、个体私营企业由于规模、实力、观念、人员素质等方面的限制，CI 导入较少；而大型国有企业，尤其是股份制上市企业则导入较多。所以，企业在 CI 的导入方面也是由企业自身各方面的综合因素决定的，尤其是企业的经济实力。

图 2-4　美的公司图标　　　　　　　　图 2-5　大众汽车图标

2. 资源投入差别大

各个企业导入 CI 需要有一定的资源，主要包括咨询费用、CI 传播费用、人力以及时间等。大型名牌企业对 CI 重视程度高，因此投入也比较多，CI 资金投入一般在 100 万元以上，有的甚至超过 500 万元，导入的时间大多是在一年左右；而大多数中小型企业因经济方面的制约及对 CI 设计的认识不够，一般在导入 CI 时仅投入几万至几十万不等，投入时间明显不多（图 2-6、图 2-7）。

图 2-6　"李宁"图标的发展　　　　　　图 2-7　香港 TVB 的 VI 设计

3. 内容结构不合理

由于各方面的原因，现在许多企业在进行 CI 设计时明显缺乏系统性。重视 VI 视觉形象，主要集中在企业象征、标志的设计与传播上（图 2-8），而对企业理念 MI 以及体现企业理念精神的行为识别 BI 不够重视，没有把主要精力放在企业文化建设方面。

(a)   (b)

图 2-8　诺基亚的图标和海报

企业文化的建设包含企业形象塑造这一环节，并且从价值观的角度引导企业形象系统整合的方向。企业文化所包含的诸如管理文化、营销文化、传播文化等领域，又为形象整合提供了更多的媒体应用机会。形象整合借助多种媒体的综合运用，映射出企业文化的内涵，成为企业文化的视觉表现。

4. CI 设计的效果参差不齐

现在导入 CI 设计的很多企业当中，有些企业因为条件具备、时机成熟、投入适度，因而产生了巨大的经济效益。然而，也有许多企业由于 CI 设计缺乏系统性或投入不足，效果并不理想，很快又重新回到原来的形象，造成不必要的资源浪费。

因此，企业文化是通过进行 CI 设计整合，由内而外地重塑新形象，使形象成为企业人力、物力、财力之外的经营资源，这是任何一家现代化企业的最佳选择（图 2-9）。

(a)   (b)

图 2-9　企业标准字体和图标 VI 设计

5. 推动方式不多

目前国内企业在导入 CI 的时候，主要会采用如下方式。

（1）全权委托专业的 CI 设计公司。这种方式的有效性仅限于 VI 的设计与导入，MI、BI 不能发挥作用。

（2）以专业的 CI 设计公司为主，企业同时进行大力配合，在 MI、BI 导入时动员全体员工参与，这样公司就会有很高的效益。

（3）企业完全自主地进行导入。企业 CI 办公室负责 CI 导入的整体策划、设计、组织推动以及监控，VI 设计由内部广告设计部的人员或其他设计部门共同完成制作。这种方式的效果主要取决于内部策划人员的素质以及推动的力度。

（4）以企业为主、专业的 CI 设计公司为辅来导入 CI。这种方式要求企业员工能够在企业理念与行为体系设计方面具有较高能力，而 VI 设计一般要委托给外部广告设计公司或设计单位。

目前，我国企业导入 CI 采用最多的是第一种与第二种方式，其中的 BI、MI 的思维流程如图 2-10、图 2-11 所示。

6. 造成这种现象的原因

造成这种现象的原因，主要有以下几个方面。

（1）有些企业对 CI 理论其实是一知半解的，对 CI 的认识只停留在表面，缺乏系统的学习和研究，还不知道"系统"二字为何物。

（2）学习 CI 与从业人员的学历、知识结构和素质等各方面相关。凡对于坚持 CI 策划设计的人，VI 设计是专长，而对 MI、BI 的理论和操作有可能一窍不通，也有可能懂一点理论知识，但具体的操作还是不熟悉。

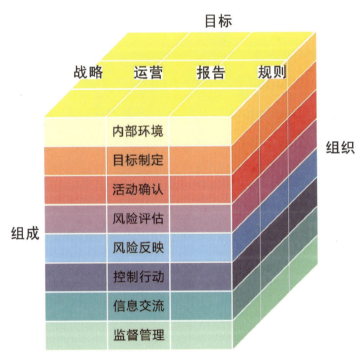

图 2-10　CI 中的 BI 思维"魔方"

（3）这些做 CI 设计的人并不了解企业，也不熟悉企业，更不懂得企业管理，心有余而力不足，这是致命的。尤为重要的是，不懂得企业理念是根据企业的战略定位而设

CI 设计

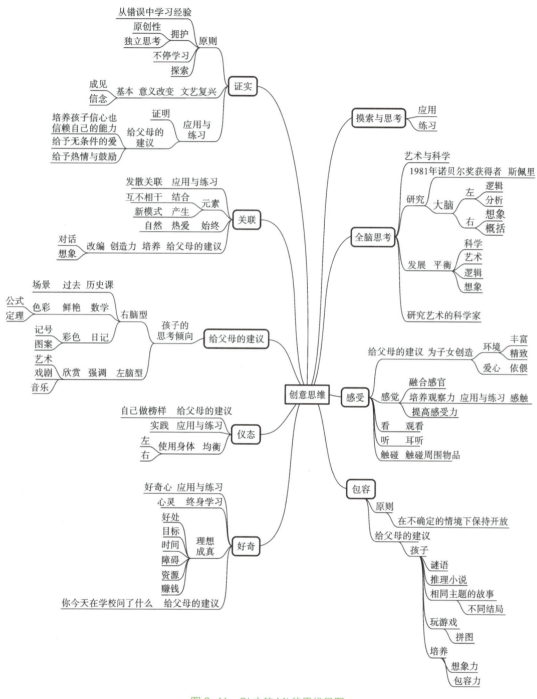

图 2-11　CI 中的 MI 的思维导图

计出来的，有什么样的战略定位，就有什么样的理念和由理念形成的识别系统。更主要的是一些企业的领导者，把整个 CI 割裂开来看，根本没有意识到各个系统之间存在着必然的内在联系。

理念识别系统是核心、灵魂，处于主导地位，行为识别则是理念识别的一种动态，只要一提到导入 CI，首先想到的就是视觉形象这一块，这是极其不利的。有的甚至把理念识别系统的策划设计当成口号来完成，就比如：企业理念与企业精神、企业理念与企业价值观、企业理念与经营哲学、企业理念与企业道德之间,均缺乏内在联系。理念识别系统的"系统"二字,失去了原本含义。

三、跨国公司与中国本土企业的 CI 攻略

1. 跨国公司的 CI

随着我国经济的快速发展,有很多的跨国公司已经迅速地进入中国的市场,更有许多知名品牌也逐渐打开了中国市场,占领了很多商机。一些知名的大型企业进入中国,开设工厂和卖场,冲击我国本土企业发展的同时,也使我国企业看到了自己的技术和产品与跨国公司的巨大差距。

市场是公平的,消费者自然会选择质优价廉的商品,而缺乏竞争力的产品被淘汰也是理所当然的。在这些外来的知名品牌、名牌企业的刺激下,本土企业不得不接受市场的优胜劣汰,从而采取变革,重新定位,来参与市场竞争(图2-12)。

图 2-12 OPPO 手机的海报

2. 中国本土企业的 CI

在过去,中国的企业界一直都认为 CI 只是一个标志,一种标准字体或是广告、包装设计等,认为 CI 就是给产品或企业批上一件华丽的外衣。

但是,中国 CI 的进程总是要按照它自身规律向前发展。随着时代的发展,中国企业家们的 CI 观念正在发生着深刻的变化。他们越来越清晰地认识到,CI 的真正含义及其战略体系的科学性、完整性和对市场的开拓力,对中国企业有着很大的帮助(图2-13、图2-14)。

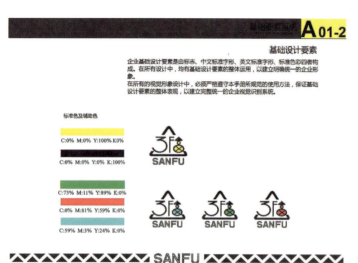

图 2-13　三福的 VI 手册　　　　　　　　图 2-14　中国银行的 VI 手册

（1）CI 是战略。它是将整个企业的经营理念和企业的个性特质，通过统一的设计加以整合来传达，建立了具有鲜明个性的企业形象、品牌形象和产品形象，从而产生一致的认同感和价值观，由此创造最佳的经营环境，并且提高经济市场竞争力的现代企业经营战略。简而言之，是一种差异化战略。

（2）CI 是过程。它是从企业的战略策划到企业形象设计再到企业形象传播构成的全过程，是一整套设计系统，而并非单纯的设计。

（3）CI 是培育企业品牌的必由之路。导入 CI 必然以培育企业品牌为主导路线，不断提升品牌价值。很多国际品牌的创立和成长正是 CI 运作的杰出典范。

中国 CI 设计的发展是与时俱进的过程，它是国际 CI 理论同中国企业实态与民族文化背景相融合的产物。中国的企业理念开创出了一条"中国 CI 之路"，这在很大程度上汲取了日本 CI 的操作经验，并效仿其模式。20 世纪 90 年代初已相对成熟，太阳神集团、三九企业集团、长虹、李宁运动用品等是这一时期颇为瞩目的成功案例（图 2-15、图 2-16），所有经典作品具有体系缜密、规模庞大、整齐划一的共性特征，是理性思维主导下的视觉成果。

图 2-15　三九企业集团图标

图 2-16　长虹图标

太阳神集团的 CI 设计企业文化

小贴士

时至今日，太阳神集团的 CI 设计仍是我国较为成功的形象策划之一。20 世纪 80 年代末期，CI 设计在我国还是一个新事物，太阳神集团成为"第一个吃螃蟹的人"并取得了成功。

伴随着企业品牌的建立与成长，从事专业 CI 设计的公司也在逐渐壮大，以广东地区为前沿，新境界广告公司、黑马设计事务所、白马广告公司等因成功策划设计了众多企业和品牌的形象而在业界闻名。企业也成为促进广告从业者成长壮大并朝向正规化发展的助推器。

改革开放后，国际、国内经济环境的变化，外资企业对中国企业的影响，使得当初的企业发生了改变，倒闭、转产、合并的企业不在少数，这其中也包括最初导入 CI 设计的部分企业，只有少数企业取得了成功。

第二节　外国 CI 设计发展

一、欧美 CI 设计的发展

欧美 CI 设计为世界 CI 设计奠定了基础。以美国 IBM 公司为代表，作为世界上第一个运用 CI 设计强化公司视觉识别的企业，它取得成功，令人惊叹之后，CI 很快在欧美的企业中流行起来。这一时期，CI 的基本定义是"企业识别"，于是有了"欧美型 CI"观：CI 是以标准字和商标作为沟通企业理念与企业文化的工具，注重公司和产品的视觉形象部分，突出视觉的美感和冲击力（图 2-17、图 2-18）。

图 2-17　美国斯凯奇品牌的官网　　　　图 2-18　耐克 AJ 的视觉创意海报

二、日本 CI 设计的发展

日本 CI 设计的发展紧随美国潮流，于 20 世纪六七十年代引入并发展了 CI，其最具有贡献的是发展和强化了理念识别体系，不仅创造了具有日本特色的 CI 实践战略，而且对 CI 的理论作出了重要贡献。1968 年中西元男成立 PAOS 设计公司，中西元男认为日本 CI 的发展过程分以下五个阶段：

第一阶段（20 世纪 70 年代前半期）为 VIS 与标准化设计，如 MAZDA 及 DAIEI；

第二阶段（20 世纪 70 年代后半期）为企业理念的再设计，如松屋、小岩井、KENWOOD 等；

第三阶段（20 世纪 80 年代前半期）为意识改革及体制改善，如东京保险、麒麟啤酒、普利司通轮胎等；

第四阶段（20 世纪 80 年代后半期）为新事业开发及事业范畴的设定，如 JNAX 制陶等；

第五阶段（20 世纪 90 年代以后）迎接新时代的尖端经营和提升美的经营，追求更人性化的经营方式。

日本的企业将"欧美型 CI"的企业文化与日本的企业文化融合之后，对 CI 概念注入新的理念和精神内涵，使 CI 成为由理念、行为、视觉三大识别系统完整构架的战略体系，由此衍生成企业形象战略系统。

"日本型 CI"的理念在精神层面上多为推崇，却极少付诸实践，主要是因为凝聚企业精神、培养团队意识太费力气的缘故。企业经营者不想更深层地触及它，而广告设计公司则缺乏 MIS 设计能力，乐于绕道走，只做 VIS，快捷又上手，于是有了"日本型 CI"观：CI 是一种明确地认知企业理念与企业文化的活动。

三、全球 CI 设计经验之谈

现今，很多企业有成功导入 CI 的经验，也难免有一些失败的教训。因此在实施 CI 时，应给予下列问题以足够的重视。

（1）企业决策者应该对 CI 有足够的认识和坚定的意志。CI 关乎企业未来的发展，不是随便一个部门就可以决定的，并且没有下属部门和全体员工的认同和配合，是无法完成的。同时，决策者的审慎态度和眼光也是 CI 成功与否的关键因素。

（2）CI 委员会作为具体执行的重要单位，其工作人员必须要充满热情，同时也要具备相应专业的能力。

（3）以螺旋式规律上行，循环往复，不断迈向新高度。

（4）CI 不等于 VIS。CI 如果仅完成了 VIS 工作，对企业来讲，起不到根本作用。只有认识真正意义上的 MI、BIS，这样才能使 VIS 投资不会白费。

（5）在对待专业公司上，既不能任其大包大揽，也不能对其言听计从。必须要协调好与专业设计公司之间的关系，摆正各自的位置，要经常沟通，才能最大限度地发挥各自的作用。

第三节　CI 设计创意构思

一、CI 设计的企业构思

企业对 CI 设计要有创新意识。所谓创新意识，是思维过程中赋有的创造性思想，是大脑里面的新想法、新点子，也称为创意点。创意点在各类设计应用中具有重要的价值，在 CI 设计中，创意是一种影响力，是一种印象和灵感的闪现。

企业形象创意的独特性使受众更加信任，并对其产生企业感，对企业产品和服务的宣传具有较强的记忆认知。有创意的产品形象，更能突出体现产品特性和企业品牌文化的精神内涵，并以此促进产品销售与企业形象的提升（图 2-19、图 2-20）。

很多企业在没导入 CI 之前，即使在社会大众心目中颇具知名度，产品的形象也多是零散的，未经统一化的。企业内外部人员对其认知和印象完全是从个人的主观愿望出发的，因为没有一份明确被公认的资料。在此之下，企业不能单纯凭自己的主观判断，做出足以决定企业未来命运的决定。所以，在调查时，应明确调查的目的。

企业形象的创意并不是天马行空、随意想象的，而是有目的地针对企业理念来进行形象的提升塑造，这一形象塑造需要创意来深化发掘。好的创意可以引导大众的价值取向，让大众身心愉悦，并掌握大众的情感因素，以情动人，从而引起大众对企业和品牌态度的倾斜。

创意是靠不断培养创新意识来实现的，要勤于思考，还要突破传统僵化的思维定式，训练发散性思维，同时还要通过形象思维与抽象思维转换形态，创新思路。形象思维相对于抽象思维而言更为具体，是策划人员和设计者根据企业理念精髓分析与整合，塑造

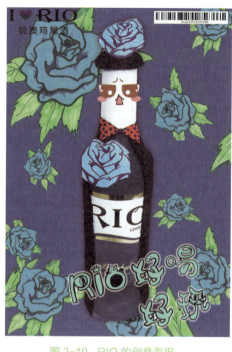

图 2-19 RIO 的创意海报

图 2-20 公益创意海报

出具有企业本质特点的形象思维方式。抽象思维是人们在认知活动中理性的拓展与升华，是对事物本质和客观的反映。富有创意的抽象思维是超出感官直接感知的认识，依赖抽象思维把握事物本质（图 2-21）。

> 抽象画与自然物象几乎没有相近之处，但又具有强烈的面貌构成形式。

(a)

(b)

图 2-21 抽象画

总而言之，企业形象的创意构思会使企业的理念识别、行为识别、视觉识别有着独特的想象力，实现企业理念和企业形象的创新。创意可以通过头脑风暴法激发创造原动力，产生更多独出心裁、别具一格的设想,并逐步分析完善其可行性。或通过挑战规则法激发想象力,突破常规和非逻辑的发散思维,拓展更多的思路,从而另辟蹊径生成全新的创意。

二、CI 创意的方法与技巧

1. 形态分析法

形态分析法是把 CI 设计当作一个完整的系统,设计的创意就是将多种形态因素加以排列组合。首先找到各种形态因素,然后用网络图解的方法进行各种排列组合,最后从中做出选择(图 2-22)。

图 2-22　互联网 VI 视觉识别的图解示意

形态分析法的特点是把研究对象或问题分为一些基本组成部分,然后对某一个基本组成部分单独进行处理,分别提供各种解决问题的办法或方案,最后形成解决整个问题的总方案。这时会有若干个总方案,因为通过不同的组合关系会得到不同的总方案。所有的总方案中的每一个是否可行,必须采用形态学方法进行分析。

2. 力行思考法

力行思考法是美国罗伯特·奥尔森提出的,其操作程序分为四个阶段。

(1)界定阶段,由以下三个部分组成。

①集中焦点。确定基本设计方针,然后对各个问题加以细化,便于集中精力。

②把握要点。要仔细地找出设计的重点,用自己的语言精确表达出来。

③扩展重点。找出设计要素之间的关系,激发新颖的构思。

(2)开放思考,分为以下三个部分。

①提出想法。合作提出设计方案,通过沟通,寻找创意的火花。

②奇思妙想。敢于打破常规，即便有怪念头，也要大胆地尝试，有可能会让人大吃一惊。

③综合联想。发现各种奇思妙想之间的逻辑关系。

（3）确定思考阶段。先做好各种奇思妙想的整理工作，将其中具有可行性的创意挑选出来，去粗取精，逐步加以完善（图2-23）。

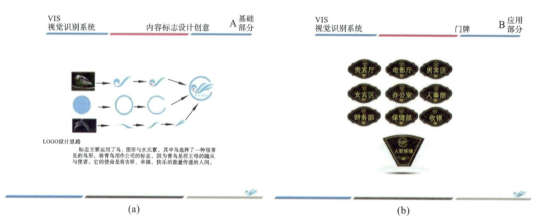

图2-23　VI一整套设计示例

3. 头脑风暴法

头脑风暴法也称智力激励法，是由美国 BBDO 广告公司经理奥斯本创立。它是一种通过小型会议的组织形式，诱发集体智慧，相互启发灵感，最终产生创造性思维的方法。

采用头脑风暴法组织创意设计时，要集中有关设计师召开专题会议，主持人以明确的方式向所有参与者阐明问题，说明会议的规则，尽力创造融洽轻松的会议气氛。主持人一般不发表意见，以免影响会议的自由气氛，由设计师们自由提出尽可能多的方案。

小组人数一般为10～15人（课堂教学也可以以班为单位），最好由不同专业或不同岗位者组成；时间一般为20～60分钟；设主持人一名，主持人只主持会议，对设想不作评论；设记录员1～2人，如实记录与会者的发言。

为使与会者畅所欲言，互相启发和激励，达到较高效率，必须禁止批评和评论，也不要自谦。对别人提出的任何想法都不能批判、不得阻拦。即使自己认为是幼稚的、错误的，甚至是荒诞离奇的设想，亦不得予以驳斥。同时也不允许自我批判，在心理上调动每一个与会者的积极性，彻底防止出现一些"扼杀性语句"和"自我扼杀语句"。诸如"这根本行不通""你这想法太陈旧了""这是不可能的""这不符合某某定律"以及"我提一个不成熟的看法""我有一个不一定行得通的想法"等语句，禁止在会议上出现。只有这样，与会者才可能在充分放松的心境下，在别人设想的激励下，集中全部精力开拓自己的思路。同时不强调个人的成绩，应以小组的整体利益为重，注意和理解别人的贡献，人人创造民主环境，不以多数人的意见阻碍个人新的观点的产生，激发个人更多、更好的创意。

第四节 国内外的企业理念与企业文化

一、企业理念和企业文化

1. 企业理念

企业理念包括企业使命、经营哲学、行为准则和活动领域。企业理念是企业经营与发展的目标，是企业思想与信念的系统建立，是对目标的追求，并在生产与经营的过程中建立相应的行为准则和运作方式。企业的发展过程与企业的理念塑造可以跟人的思想和行为理念形成正比。企业理念的建立主要是将企业精神、信念、追求融入企业生产的产品和企业经营管理的行为当中。

企业理念具体是指企业的价值观、企业的发展目标、企业的经营风格、企业的精神哲学、企业的利益追求及企业的文化传承的综合体现，这些内容决定企业的形象风格、产品服务与管理特色。对于企业而言，企业理念促进企业精神与品牌文化的铸造与升华。

企业理念识别是指企业运营的思想，是整个企业识别系统的核心与灵魂，也是企业经营的精神支柱。在日益激烈的市场竞争中，企业发展依赖市场环境与经营环境，因此企业的经营发展特别需要健康向上的理念支持。

理念的传递是理念实施的第一步。要使企业理念内化为员工的信念和自觉行为，首先必须让员工知晓企业的理念是什么。理念传递的方法从总体上来讲为反复法，即通过多角度、多层次、多途径、反复多次的传递，以使企业的理念深入人心。理念的应用实际是员工在彻底地领会和接受企业理念的基础上，将其贯彻于日常的工作之中，用它来指导行为，将之付诸实施。

2. 企业文化

企业文化是整个企业文明的体现，是企业特有的文化形象。新兴企业即使有着各种制度及行为标准，其实也不一定有着较高的文化内涵，因为企业文化的形成是一个长期的、循序渐进的过程，是企业在不断发展中形成的价值观，是一种意识形态的积累升华。

广义的企业文化是指企业所创造的，具有自身特点的物质文化与精神文化的集合，狭义的企业文化是指企业所形成的具有个性的经营宗旨、价值观和道德行为准则的综合，是对企业理念的诠释。企业文化本质面向企业内部，通过企业全体员工所认同并遵守的带有本企业特点的价值观、信念、精神，以及企业制度的严格执行衍生而成，制度上的强制规范或激励最终促使群体产生某一行为自觉，这一群体的行为自觉便衍生成了企业文化（图2-24）。

(a)　　　　　　　　　　　　　　　　(b)

图 2-24　企业统一服装

20 世纪 80 年代，《企业文化——企业生存的习俗和礼仪》这本书第一次提出了企业文化的概念，并引起了企业管理者的高度重视。企业文化是企业经营与发展的无形资产。企业文化贯穿于企业发展的始终，也存在于企业的各个细节与制度中，并且具有辐射作用。随着企业的不断发展壮大，其文化也不断地完善，并为广大受众普遍认同。

3. 企业理念与企业文化的关系

图 2-25　企业文化的体现

企业理念与企业文化的关系非常紧密，企业理念是企业经营的主要策略，是引领企业发展的目标，是企业文化的重要核心。它统领着企业行为、经营方向，是企业文化在企业经营活动中的外在体现、直观形象（图 2-25）。二者相互依存，互相作用。

企业理念与企业文化都强调以人为本的核心思想，是企业在发展过程中不同于其他企业的行为方式，具有独特的个性。企业理念最终在实施的过程中被浓缩成一句口号、一个标语，是企业凝聚力，也是企业行为的指导者。在企业发展中，企业文化成为企业的核心生命力，是企业和员工素养升华的精神财富。

二、企业理念识别的范畴

1. 理念识别系统是 CI 设计的核心

企业的发展和企业理念的实施是密不可分的关系，健康科学的企业理念必然有条不

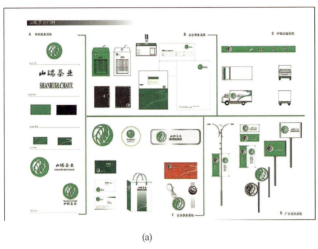

(a) （b）

图 2-26　不同企业的 VI 手册

紊地指导企业向好的方向发展，并引导企业走向成功。理念识别系统是企业形象识别系统的核心，企业成功地导入 CI，依赖企业理念识别的准确建立。

企业理念的建立是最艰难也是很关键的一环。企业理念识别的构建促使企业形成鲜明独特的企业风格与品牌形象，提升企业在激烈的市场环境中的竞争力。企业理念识别是企业的核心生命力，它的建立有效地避免企业在导入 CI 的过程中出现功亏一篑、困扰不断的难题。企业理念指导企业的行为识别与视觉识别，不同企业的行为识别与视觉识别，都因为企业理念的与众不同而各具特色（图 2-26）。

2. 企业理念识别的构成要素

企业理念识别系统的建立，是从企业的愿景、企业的使命、企业的哲学、企业的价值观、经营的方针等诸多方面去提炼升华，逐渐形成具有各自企业特色的企业理念。为此，可以以下几点着手建立。

使产品和服务像水和电一样源源不断地融入生活，为人们带来便捷和愉悦；关注不同地域、不同特性的群体，并针对不同的对象提供差异化的产品和服务；打造开放共赢平台，与合作伙伴共同营造健康的互联网生态环境。

三、企业文化的作用

对企业内部来说，企业文化是提高整个企业凝聚力的一个重要手段，它主要是以企业精神为核心，将企业员工的思想和行为引导到企业所确定的发展目标上来，又通过企业所形成的价值观念、行为准则、道德规范等，以文字的形式（如厂规、CI 手册等）或约定俗成的社会心理的形式（如厂风），对企业员工的思想、行为施以影响、控制。

价值观念是企业文化的基石。企业哲学的本质就是追求成功，而价值观念为员工提供一致的方向及日常行为的准则。著名企业的成功之处就在于员工能够接受并执行企业的价值观。

企业文化对企业外界环境的作用，有利于塑造整个企业的完美形象，企业通过各种渠道来输出其产品、服务、公关、广告等，同时也传播着企业文化，并在公众心目中建立良好的印象。

企业文化的兴起，使企业管理学提升到一个新的水平，也使 CI 理论趋于完善，各种视觉识别不再是无源之水、无本之木，而是根植于企业文化深厚的土壤中，成为企业文化强大驱动力的集中表现。企业文化的各个要素、企业文化结构、企业文化功能、企业价值观、企业精神、企业形象、企业文化建设等理论也都为 CI 所吸收，使 CI 内容更加丰满，从而功能更为强大。

企业文化的建设中，包含企业形象塑造这个重要环节，并且从价值观的角度来引导企业形象系统整合的方向。企业文化所包含的诸如管理文化、营销文化、传播文化等领域，又为形象整合提供了更多的媒体应用机会。企业形象的整合又借助多种媒体的综合运用，映射出企业文化的内涵，成为企业文化的视觉表现。

四、企业理念的功能

理念识别是企业识别系统的重要核心。它不仅仅是企业经营的宗旨与方针，还应该包括一种鲜明的文化价值观。对外是企业识别的尺度，对内是企业内在的一种凝聚力。

企业的理念识别系统（MIS）既是整个企业的经营观念，也是 CI 运作的原动力和重要实施基础，还是 CI 的灵魂。如果把 MIS 放在 CI 形成的过程中来看，我们可以看到 CI 的初衷，要建立起一整套能广泛而迅速传播的识别符号，"经由重复不断地出现的识别符号，将可获得难以统计的乘积性效果"。

确立和统一企业理念，是由 CI 的本质特征所决定的，对于企业的整体运行和良性运转，具有战略性的作用。具体来说，它具有如下功能。

1. 导向功能

企业理念就是企业所提倡的价值目标和行为方式，它引导员工的追求，是规定企业行为的价值取向。因此，强有力的企业理念可以长期引导员工为之奋斗，这就是企业理念的导向功能。

企业理念的导向功能主要表现在三个方面：一是为企业确立宗旨和经营的目标。这种目标可以区分为不同层次、不同期限的，但是都要在一个共同的理念的指导下发生；二是直接引导员工的人格、心理行为和沟通能力；三是企业理念作为指导思想，是企业各项规章制度建立的依据和理论基础。

良好的企业理念可以使员工在潜移默化的过程中形成共同的价值理念，并通过企业理念的认同，共同朝着一个确定的目标去奋斗。

各种规范、制度、奖励和惩处办法等，实际上是企业通过制度的形式将企业员工的普通行为加以系统化、秩序化、制度化和规范化，具体发展战略思维导图可参考图2-27。

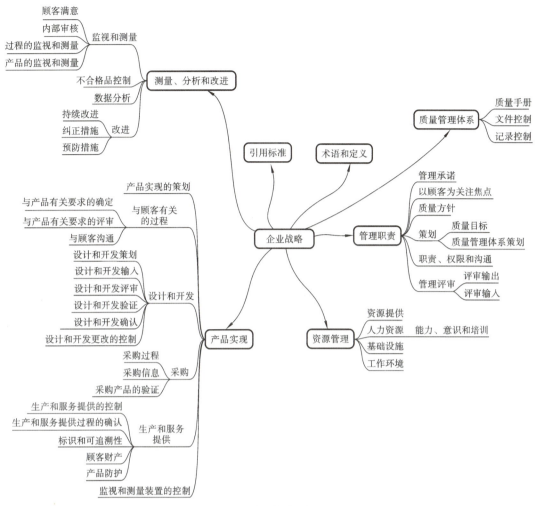

图 2-27　企业战略思维导图

2. 激励功能

企业理念既是企业的经营宗旨和价值追求，也是整个企业员工的行为最高目标和原则。因此，企业理念与员工价值追求上的统一，使得员工得到心理上的极大满足和精神上的激励。

3. 识别功能

理念识别自身就具有统一的识别功能。同时它还有统筹和指导的关键作用：使 BIS、VIS 都能够体现出与 MIS 的一致与协调。这是 CI 本身的特征以及企业的特征所决定的。

恰当的理念实际上是企业领导人个性、气质、心理特征的延伸。所以，理念包含着自身的独特性，而这种独特性又通过各种识别手段加以强化，使其在传播中更加容易被识别（图 2-28）。

五、企业理念的传播方式

企业理念的传播是 CI 设计的关键之一。当企业理念确定了之后，就要通过各种传播媒介，运用多种传播方式和手段把信息传递出去，使大众来认识企业、了解企业，对企

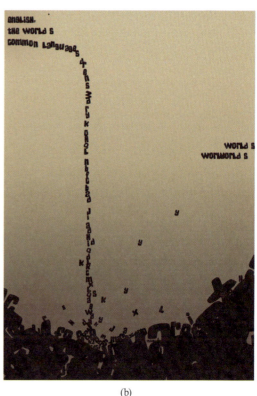

图 2-28　易被识别的创意

业产生认同感,从而逐步在公众心目中树立企业的良好形象。

企业理念的传播主要通过两种媒介:一种是静态的视觉识别系统,另一种是动态的行为过程,即行为识别系统。而行为识别系统的基本意义则在于将企业的内部组织机构、教育、管理、制度、行为以及对外的新闻宣传、公关、广告及回馈社会的公益赞助活动等都理解为一种传播符号,通过这些活动传达企业信息、塑造企业形象。

1. 市场调查

企业要推销出合适的产品,就必须进行市场调查,以求得与消费需要保持一致性,在此基础上进行新产品设计和开发。特别是要通过市场调查搞好市场定位,即根据市场的竞争情况和本企业的条件,确定本企业的产品和服务在目标市场上的竞争地位,从而为产品创造一定的特色,赋予一定的形象,以适应顾客的需要和爱好。我们也可以根据市场调查,在网站上做出一些调整(图 2-29)。

2. 广告活动

广告可分为产品广告和企业形象广告。CI 系统应更加重视企业形象广告的创造,来获得社会各界对企业以及产品的广泛认同。企业形象广告的主要目的是树立商品信誉,扩大企业知名度,增强企业凝聚力。

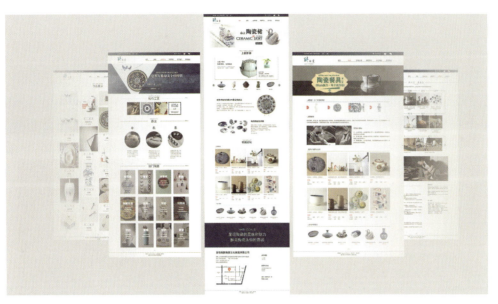

图 2-29　在网站上做调整

产品形象广告不同于产品销售广告,它不再是产品本身的简单化再现,而是创造一种符合顾客追求和向往的形象,通过商标、标志本身的表现及其代表产品的形象介绍,让产品给消费者留下深刻的印象,以唤起社会对企业的关注、好感、依赖与合作(图2-30)。

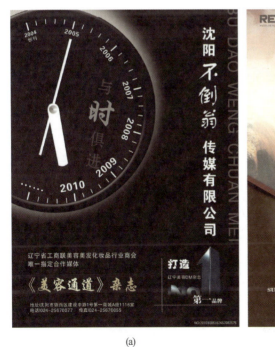
(a)

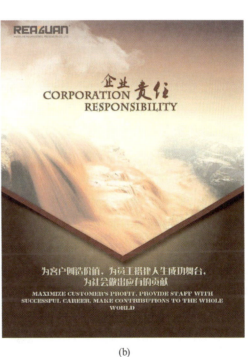
(b)

图 2-30　企业形象广告

3. 公关活动

在市场调查基础上进行公关活动,这是企业行为的重要内容之一。公关活动可以提升企业的信誉,能消除公众对企业的误解,取得社会的信任。公关活动的内容很多,例如文化活动、展示活动、新闻发布会等（图2-31、图2-32）。

企业的外部活动识别是对内部行为识别的一种延伸和扩展，对内部行为识别主要是企业组织和员工直接认同企业理念的行为表现，外部活动识别则是以外部公众作为活动对象。通过社会活动识别，更多的人了解、认识企业，从而达到树立良好的企业形象的目的。

图2-31　公益活动的海报　　　　　　　　　图2-32　新闻发布会的海报

外部社会活动具有极强的目的性，它要求企业在开展各种公关传播活动时要有一个十分明确的努力方向。因此，企业对开展的活动要调查分析，并且要提出明确而清晰的目标，并按此目标提出具体实施方案。活动结束时要反馈评估，检查是否达到预期的目的。

企业的社会公关活动是一个长期的积累过程，每次活动都不应该孤立进行，而应当把它作为企业行为识别整体的一个部分，相互衔接、相互促进，才能达到塑造良好企业形象的目的（图2-33、图2-34）。

图2-33　企业商业策划　　　　　　　　　图2-34　产品展会

本/章/小/结

本章介绍了中外 CI 设计的发展历程，由此衍生出中外企业经营理念的区别。我们在进行 CI 设计时，要考虑到不同企业的经营方针与企业文化，CI 设计应与之适应并融合，从而形成理念的独特性。在后期学习过程中，CI 设计的前提和主线应当是企业特征，把握好企业与众不同之处是获得成功的关键。

思考与练习

1. 概括 CI 设计在中国兴起后的作用。

2. CI 设计导入中国后有哪些明显的问题？

3. 国外的 CI 设计具体表现在哪些方面？

4. 进入中国市场的跨国公司给中国的 CI 设计带来哪些影响？

5. 概括 CI 设计的方法与技巧。

6. CI 中企业理念包含哪几点？

7. 查阅关于 CI 设计的资料，找出国内与国外的共同点。

8. 根据自己对 CI 设计的理解，设计出一个图标。

第三章
VI 设计与品牌塑造

学习难度：★★★★☆
重点概念：品牌、内容、方法

章节导读

未来属于品牌，尤其是属于全球性的品牌。世界上最富有的国家的经济是建立在品牌之上的，而非建立在商品之上。没有强势品牌的企业，根基是不牢固的，只会陷入营销成本偏高、销量大但利润很低、高度同质化竞争、品牌短命以及缺乏可持续竞争优势的困境。品牌在现代经济社会的激烈竞争中已经成为重要的武器。

中国企业发展也要依靠品牌战略，在品牌的指示下，TCL"大口一张"吞下了汤姆森，联想把IBM——THINKPAD纳入囊中，汽车业高唱自主品牌之歌……然而狂飙急进的背后并未带来实际效应与预期声势的一致，不仅那几个品牌化的急先锋陷入了经营困难的泥沼，整个中国的品牌生态环境也没有闻到春天的气息，这种不如人意的情况，究其缘由，的确存在时间积累不足的原因，但更为重要的是缺乏方法，我们并未真正掌握品牌科学。因此，要想塑造并应用品牌，首先要了解品牌，能够认识品牌、分析品牌，才有可能使用好品牌，发展好品牌（图3-1）。

图 3-1　品牌标志

第一节　企业品牌塑造

不论市场中的什么行业，竞争的不断加剧促使各个企业的品牌意识逐渐增强，企业品牌塑造的重要性也就不言而喻。在企业自身的文化和规划定位的基础上，对企业全方位地分析，进行系列的企业策划之后的品牌塑造是企业发展的助推器。

一、定义

品牌塑造是指给品牌以某种定位，并为此付诸行动的过程或活动，是一个系统而长期的工程。企业通过 VI 设计将企业中非可视内容转化为视觉识别符号，并对外进行宣传活动，使企业的品牌知名度、美誉度得到认同（图3-2、图3-3）。

图 3-2　国外品牌专卖店　　　　　　　图 3-3　中式小吃店

大企业可以凭借雄厚的财力物力，通过传播热点、广告轰炸、大规模的公益和赞助活动等循序渐进地进行品牌塑造，借助建立的品牌优势来刺激和引起消费者的购买冲动（图3-4、图3-5）。

图 3-4 企业参展

图 3-5 企业广告

二、标准

企业品牌塑造得是否合适，一般有两个标准：与产品特征相适应、符合目标市场消费群体（图 3-6）。

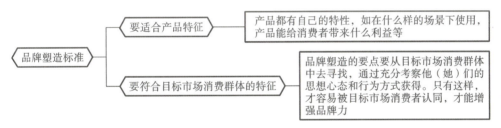
图 3-6 品牌塑造的标准

小贴士

塑造品牌的三大法宝模式

塑造品牌的三大法宝模式：广告语；形象代言人；实效 VI。这三种模式是形象经济中任何一个强势品牌不可缺少的核心部分，并形成一个清晰、简单、明确、符号化的立体品牌形象。唯一的差异则是各品牌的侧重点不同。事实上一个知名品牌的塑造并非一朝一夕之功。塑造品牌的三大法宝模式只是一种基本手段，真正要让一个品牌丰满起来，卓然而立，还有很多看不见的具体工作要做。品牌经营须长期持续投资和积累，小到一张单张折页的字体色块，大到长远战略战术决策、资本运营、建立竞争优势、深化管理及结构优化等，林林总总无一不需要假以时日而后成，塑造品牌三大法宝模式只是品牌塑造工程的良好开端。

三、原则

品牌塑造不是一日之功，在通过 VI 设计塑造品牌时，需要掌握以下原则，这是塑造品牌必须遵循的原则。

1. 高瞻远瞩

企业品牌塑造必须眼光长远，在确保短期利益的基础上放眼未来。简而言之，品牌要经得起短期利益、中期利益和长期利益的三重考验。尤其是一些规模比较小的企业，多处于求生存、谋发展的初级阶段，这个时期必须要保障企业的短期利益，否则，企业失去生存的机会，自身不保，塑造品牌自然也就没有任何现实意义了。

海尔是世界品牌 500 强企业，它的成功与海尔董事长张瑞敏的高瞻远瞩有很大关系。张瑞敏砸冰箱一事正反映了他的长远眼光。当张瑞敏发现库存电冰箱中有 76 台不合格时，他亲自下令砸毁了这些冰箱。按当时的物价水平来看，这是一笔很大的损失。但张瑞敏通过这种非常有震撼力的场面改变了职工对质量标准的看法。虽然在当时遭受了很大的经济损失，但海尔的品牌形象却得到了提升，促进了海尔品牌的长远发展（图 3-7）。

2. 高屋建瓴

企业决策者高瞻远瞩才可能占领制高点，才可能有一泻千里的气势和高屋建瓴的品牌运作策略，才能实现品牌效应。但是，决策者高瞻远瞩之后，若是无法在企业现实资源状态下找到合适的匹配资源，或者说无法在现有资源基础上找到突破口，则高屋建瓴也就成为纸上谈兵。因此，品牌塑造要实现高屋建瓴必须抓住三个关键点：其一是高瞻远瞩，其二是梳理现有资源，其三是找准突破口。

著名策划人王志纲在策划"碧桂园"一案时，跳出一般房地产概念，加大文化内涵，上升到全新的生活方式——给客户一个五星级的家。该理念响彻中国，成为当时中国人理想的生活方式之一。时至今日，不论在哪里看到碧桂园的标志，都会给人温馨舒适的感受（图 3-8）。碧桂园的 VI 设计在成功地塑造品牌的同时，也创造了碧桂园的财富神话。

图 3-7　海尔标志

图 3-8　碧桂园标志

3. 高开"低"走

在确定战略规划之后，一定要冷静下来做好基础工作，一步步向"低"渗透，如向销售终端渗透，一步步让消费者切身感受到品牌的魅力。很多企业可以做到高瞻远瞩，也可以做到高屋建瓴，但做不到高开"低"走，只对媒体高谈阔论，高唱胜利之歌，但却从来没有真正落实过。长此以往，品牌自然会渐渐失去消费者的信任。

柒牌的"中华立领"在宣传上进行了高投入，曾在中央电视台连续投放广告（图3-9），在各大媒体杂志也进行了大肆宣传，广告是做足了，宣传也基本到位了。但"中华立领"的"落地"工作却做得不到位，很多有购买倾向的消费者找不到"中华立领"的专卖店，从而使消费者对柒牌的实力产生怀疑。

图3-9　柒牌立领男装广告

4. 实事求是

这一原则是要求企业做品牌要实事求是，不可欺诈。企业的产品、经营行为一定要让消费者受益，让自己心安。这是一个看似高调的原则，但却是一个让很多企业家终身受益的原则。

小贴士

品牌在消费者内心的三个层次

从消费者的内心谈品牌，有三个层次：（1）想到一个形象，比如看到"M"即会想到麦当劳；（2）想到什么样的性能；（3）自我的潜意识，这个潜意识并不是所有品牌都可以传达出来的。而从专业的术语来说，塑造品牌的过程就是：第一，如何理解品牌的价值？第二，客户的品牌在消费者心目中的定位究竟如何？第三，与消费者沟通最好的办法是什么？第四，怎样打动消费者？

第二节　品牌 VI 设计的内容与方法

市场竞争的日趋激烈，越来越多的企业开始更加注重自身的企业形象和品牌形象。VI 设计在企业中的导入和实施成为优秀企业、实力企业和企业成熟度的一个重要发展指标。

认识一个人，先从其形象开始，再去了解其内涵，品牌也是一样，先从企业形象开始。品牌 VI 是品牌形象表达的一部分，优秀的品牌 VI 具备天生的营销能力，能够帮助提升企业的品牌形象和地位，促进品牌的识别和传播。品牌形象的视觉识别表达越充分，市场营销就越轻松。比如我们出入餐厅，里面的装修、整体色调、员工服装、环境布局、菜单、餐巾纸等，会通过我们的眼睛观察形成一个整体的印象。一般来说，表达感强烈的、凸显主题的餐厅（图 3-10），通过品牌 VI 的力量更容易让我们产生深刻记忆，同时联想到其饭菜、服务的品质等，很自然地，会在心里产生消费的意愿。

(a)

(b)

图 3-10　凸显主题的餐厅

一、品牌 VI 设计三要素

视觉是人们接受外部信息最重要和最主要的通道，因此 VI 在品牌塑造中的重要性不言而喻，它是品牌视觉传达中最具传播力和感染力的层面。品牌形象的视觉识别，是把非可视内容转化为静态的视觉识别符号，以无比丰富的应用形式，在最为广泛的层面上进行最直接的传播。

VI 的基本要素包括标志、标准字、标准色、标准组合等基础设计项目，这些项目是品牌形象的核心部分，设计有效、合适并实施有利的视觉识别，是传播品牌、建立品牌知名度、塑造品牌形象的便捷之路（图 3-11）。只有严格执行设计标准，才可能在日后不断完善形象，实现传播的一致性。

图 3-11　企业 VI 的基础设计项目

1. 品牌 VI 设计针对的主要对象是消费者

品牌 VI 设计要解决的核心问题是间接的大众接触。人类的信息主要是通过视觉输入的，VI 设计要让视觉"说话"，核心元素是品牌符号。消费者接触品牌时，看重的是品牌形象与品牌带来的品质保障。VI 设计将品牌最基本的理念、品牌文化、服务内容、品牌规范等抽象概念转换为具体符号，塑造出独特的品牌形象。所以品牌 VI 设计往往是高度抽象、高度凝练的，经常是多重意义的整合，寓意广泛。

英菲尼迪是日本豪华汽车品牌，也是全球豪华汽车市场中最重要的品牌之一。它的标志非常抽象、简洁，但却有着深刻的寓意。椭圆形既象征着汽车的方向盘，清晰地表现企业的生产内容——汽车，同时椭圆形还代表着一条无限延伸的道路，有无限扩张之意，象征着企业前途无量。两条直线代表通往巅峰的道路，象征无尽的发展。"INFINITI"象征企业一种永无止境的追求，那就是创造有全球竞争力的真正的豪华车用户体验和最高的客户满意度（图 3-12）。

2. 品牌 VI 设计需要让用户获得好的形象感知

好的品牌形象有助于品牌宣传与产品推广。好的形象感知要真正理解并挖掘出品牌的潜在价值，对品牌的核心价值有直观透彻的认识，并且时刻关注消费者同品牌之间的互动关系，以及如何互动和产生品牌效应。此外，还必须看到品牌的发展前景，即如何才能使品牌在面临新一代的消费者时仍然经久不衰。

图 3-12　英菲尼迪汽车标志

图 3-13　Toms shoes

Toms shoes 这个品牌的鞋子单从外观、质量上看，只是一双普通的帆布鞋（图3-13），却能火遍好莱坞，让这个品牌大获成功的是它奇特的商业模式。在刚刚成立时，Toms shoes 就提出"每卖出一双鞋，就会向有需要的地区捐赠一双鞋"的口号。这种"你买我送"的新颖的商业模式，引起了美国《洛杉矶时报》的注意并将 Toms shoes 的故事放到了报纸的头版，结果该品牌迅速走红，一天之内带来 2200 双鞋子的订单。这种将时尚和慈善合二为一的商业模式成功地打响品牌的知名度，并且带起了一股慈善消费的时尚风潮。截至目前，Toms shoes 已经为全世界 70 多个国家的孩子捐赠鞋子达到 5000 万双。Toms shoes 慈善活动的开展使它在整个业界有良好的口碑，许多名人去 Toms shoes 买鞋子已经不单单是为了买鞋子，而是为了在慈善事业中尽一份自己的力量。Toms shoes 的品牌度和知名度也就这样慢慢流传开来。也有人会问 Toms shoes 以这样的商业模式售卖鞋子真的不会亏损吗？答案是否定的。它不但没有亏损，还取得了年入五亿的收益。

3. VI 形象设计要表意明确、个性强烈

VI 设计应使品牌形象无须解释就可以解读，因此形象定位、行动策划不能含糊不清。

小肥羊是内地首家在香港上市的品牌餐饮企业，被誉为"中华火锅第一股"。它的 VI 形象非常清晰明确，看到卡通羊的形象和餐厅名称就能联想到这里是吃羊肉火锅的地方（图 3-14）。

图 3-14　小肥羊 VI 形象

二、VI 设计对企业的作用

总体来说，VI 设计对企业有内部和外部两大方面的积极作用。

1. 企业内部

任何一家企业发展都有一个企业团队在支撑。有力量、有文化修养的团队不会被轻易摧垮。通过 VI 设计，企业员工认同感、归属感增加，抱作一团，努力向上。从企业内部来看，VI 设计向员工传播企业积极向上的文化理念，引导他们的精神方向。

国家京剧院的 VI 标志设计中，标准色采用京剧本体基本元素五色中的黑、白、红三色为色调，塑造一个专心表演的京剧演员的形象，深邃的凝视，表现了表演的投入。标志中的梅花寓意"香自苦寒来"，一方面也是在向"梅派艺术"致敬，另一方面，也寓

意着中国京剧院的艺术工作者们勤学苦练，对艺术孜孜不倦的执着。五瓣则象征了手眼身法步、生旦净末丑、喜怒哀乐惊、红黄蓝白黑、宫商角徵羽，形神兼备，与主标融为一体，极具韵味，表现了中国京剧艺术的国粹美与传统底蕴。此标志传达着一种热情、积极向上的企业文化理念（图3-15）。

2. 企业外部

VI 设计对企业外部的作用与意义更加明显，就算一开始中小企业没有意识到 VI 的"识别"和"宣传"作用，最后都会认可 VI 的积极意义。

图 3-15　中国京剧院标志

其实不管企业是怎样的宣传形式，许多类型的宣传画册作为广告让人们获取企业的相关信息，这些都是 VI 设计的体现（图 3-16、图 3-17）。VI 设计的优势就是可以深入人们的生活，对于塑造企业品牌有着积极的深远的意义。

图 3-16　企业户外广告

图 3-17　企业宣传海报

三、VI 设计塑造品牌的方法

将 VI 设计融入企业的品牌战略中，形成企业品牌 VI。一方面品牌 VI 可以为企业带来有保障的经济效益，完整的、优秀的企业 VI 设计在任何时候、任何地点都影响着企业的市场竞争力和销售能力。另一方面，品牌 VI 设计是企业发展的促进者，使企业在管理上降低成本，提高员工的自信和工作效率，培养客户对企业产品的好感度与忠诚度。

1.VI 设计与企业品牌要保持统一

一家企业从无到有，是创业者艰辛运营的结果，企业和产品成功地推向市场以后被消费者或客户认知，企业和产品有了关注度，企业的名称和商品的名称就需要有一个容

图 3-18 玛莎拉蒂汽车标志

易被人记忆的名称或是企业图腾，这就是品牌标志的雏形。为了区别各类品牌，每家企业的标志设计和品牌形象都希望是独树一帜的，导入 VI 设计就是为了让企业品牌有一个统一的、完整的对外形象，同时巩固品牌形象的一致性，对企业的深入发展起到品牌视觉沿袭的作用。

玛莎拉蒂汽车的标志是在树叶形的底座上放置的一件三叉戟，这是公司所在地意大利博洛尼亚市的市徽，相传为罗马神话中的海神纳普秋手中的武器，显示出海神巨大无比的威力。该标志表示该品牌汽车就像浩瀚无垠的大海咆哮澎湃，隐喻了其快速奔驰的潜力（图 3-18）。

2. VI 设计要树立品牌形象

企业和品牌形象识别的基础是标志设计和 VI 设计的应用。VI 设计的应用的主要目的是帮助企业塑造品牌公众形象和提升品牌的视觉价值，最终为公众所熟识，容易记忆和容易联想。例如，人们看到一些比较知名的汽车的标志，脑海中就会马上联想到这个品牌的汽车的外观、配置以及性能等（图 3-19）。所谓名牌，除了产品和企业本身的质量过硬以外，良好的公众形象和品牌形象也是至关重要的，爱美之心人皆有之，一款漂亮、精致、得体的标志设计会很自然地拉近和公众的距离，从而产生审美上的共鸣。

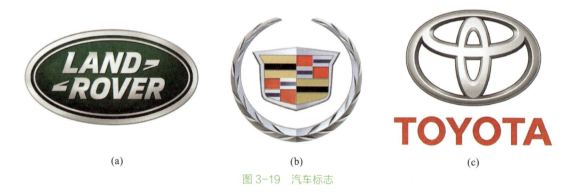

(a) (b) (c)

图 3-19 汽车标志

3. VI 设计要记录企业发展

优秀成熟的企业，一定会有一套成熟、规范、专属于自己的企业视觉识别系统。品牌 VI 设计记录了企业和品牌发展的历史，承载了企业的理想和公众的关注度，意义非凡。美国和日本是品牌大国，塑造了大量的国际知名品牌，品牌设计和品牌文化十分发达，那些耳熟能详的品牌都有一套成熟完整的 VI 设计系统，严格规范了品牌视觉元素的应用，品牌标志更是整个商品体系最重要的一部分（图 3-20～图 3-25）。知名品牌的标志设计是品牌价值的集中体现。这些品牌的标志设计是经过数十年乃至上百年的发展而固定下来的，当然也不是一成不变，会与时俱进地随着时尚文化和行业文化的变化而做相应的微调。

图 3-20　苹果标志（美国）　　图 3-21　必胜客标志（美国）　　图 3-22　圣大保罗标志（美国）

图 3-23　优衣库标志（日本）　　图 3-24　DHC 标志（日本）　　图 3-25　格力高标志（日本）

4. 品牌设计是企业竞争力的表现

商场如战场，品牌竞争更是其中的主战场。品牌价值决定了商品的定价、市场份额、市场合作乃至于整个企业的发展大局。作为品牌价值的体现，品牌设计起到了至关重要的作用，良好的品牌形象设计可以提升品牌的视觉竞争力，起到积极的品牌推广作用。深入人心的品牌标志设计和企业 VI 设计应用，可以增强消费者对品牌的认知度和信赖度，从而成为忠实的品牌拥护者。

四、VI 品牌形象设计的意义

在如今经济环境社会中，世界上大部分闻名遐迩的跨国企业，如美国通用、中国银行、可口可乐、日本佳能等，无一例外地建立了一整套完善的 VI 品牌形象设计的识别体系，使之在竞争中处于不败之地。如此来说，一流的 VI 品牌形象设计在企业的发展过程中有至关重要的意义。

1. 提升企业的整体形象和经营管理水平

受欢迎的 VI 品牌形象设计能够直接促进产品的销售。通过树立全新的企业形象，VI 品牌形象设计将全新的理念、独特的服务等一系列的形象内容转化为对商品的信赖，以整体的方式将它传递给消费者，从而达到商品营销的目的。例如，国内最大的电商之一苏宁，经营商品涵盖传统家电、百货、日用品、图书、虚拟产品等综合品类（图 3-26），线下还拥有电器销售的实体门店（图 3-27），经营领域还包括银行、快递、娱乐等方向，形成了一套完整的品牌形象和管理体系。

图 3-26　苏宁易购

图 3-27　苏宁小店

2. 明确该企业的市场定位

企业的市场定位属于企业无形资产的重要组成部分。VI品牌形象设计能迅速传达该企业的经营理念和企业文化，用独特的视觉符号系统吸引大众的注意力并让他们产生印象，形成企业的无形资产，帮助提升企业形象并促进企业发展，有利于树立企业资源整合与整体形象，还能增加员工对企业的认同感与归属感。

VI品牌形象设计将企业信息传达给大众，不断强化消费者意识，从而获得大众的认同。市场定位是企业理念的一个基础性因素，一般包括三种类型："针锋相对"型、"填空补缺"型、"另辟蹊径"型。

目前，营销策划机构强势助力企业在市场传统意义上的产品竞争、促销竞争向富有魅力的形象竞争转变。VI品牌形象设计对企业形象提升的好处是显而易见的，到今天所有真正意义上成功导入企业VI品牌形象设计的企业，它们注定会比没有导入企业VI品牌形象设计的企业走得更远。

在如今科学的管理时代，企业除了保证产品的质量外，还要创造企业的品牌价值。

小贴士

文化在品牌个性塑造中的支柱作用

在中国广东，为了品牌竞争力的形成并创建区域性国际品牌，正在对该地资源进行整合。在整合过程中，"中国味"融入了地域文化，因为它是避免同质化的重要特征，也是自身与世界沟通的有效元素。从中，我们可以看到文化在品牌个性塑造中的支柱作用。中国有56个民族和丰富多彩的传统文化，5000年的华夏文明为人类进步贡献了伟大的智慧。今天，中国的和平崛起已经成为世界现代化进程的佳话，具有现代气息和中国味道的中国品牌一定会给世界消费者带来更多更美的感受。

例如宝马通过重新定义"驾驶",结果从濒临破产的品牌扭转成为风行世界的品牌;沃尔沃定位"安全",取得了公众的信赖,吸引了大批的忠实顾客;百事可乐抓住了"年轻人的可乐"定位,成功抢了可口可乐的市场。所以好的定位可以激活老品牌的生命力,让新的定位迅速占领市场。

根据"二八原则",当企业定位明确后,几乎可以立刻识别企业投入中哪 20% 的运营可以产生 80% 的绩效,从而加强企业有效运营 80% 的绩效。同时定位和管理一样,不仅适用于企业,也同样可以用于医疗、校园、政府、城市等组织,有效的定位可以推动其发展。在同质化现象严重的社会,好的品牌 VI 设计可以提升企业形象,增强企业在社会中的地位和认可度。

第三节　优秀与失败的企业 VI 设计

任何一家企业想进行宣传并传播给社会大众,让用户了解企业、认识企业,从而塑造可视的企业形象,第一感观就是从外观形象来判断,因此企业 VI 系统尤为重要,特别是著名品牌企业。

符号系统中的基本要素是传播企业形象的载体,企业通过这些载体来反映企业形象,这种符号系统可称作企业形象的符号系统。VI 是一个严密而完整的符号系统,它的特点在于展示清晰的"视觉力"结构,从而准确地传达独特的企业形象,通过差异性面貌的展现达成企业识别的目的。优秀的企业视觉形象无疑是依赖于一套优秀的企业 VI 设计。

一、优秀企业 VI 设计的基本内容

一套优秀的企业 VI 系统严格规定了图形标识、中英文字体形式、标准色彩、企业象征图案及其组合形式,从根本上规范了企业的视觉基本要素,由此产生了基本要素系统。它是企业形象的核心部分,包括企业名称、企业标志、企业标准字、企业吉祥物、标准色彩、象征图案、组合应用和企业标语口号等。

1. 企业名称

企业名称与企业形象有着紧密的联系,是企业 VI 设计的前提条件,通过文字来表现识别要素。企业名称的确定必须要反映出企业的经营思想,体现企业理念,要有独特性,发音响亮并易识易读,同时注意谐音的含义,以避免引起不佳的联想。

组成名称的文字要简洁明了,同时还要注意国际性,适应外国人的发音,以避免引起外语中的错误联想。在表现或暗示企业形象及商品的企业名称中,应与商标尤其是与其代表的品牌相一致,也可将在市场上较有知名度的商品作为企业名称。企业名称的确定不仅要考虑传统性,还要具有时代的特色。

在阿里巴巴取名之前,马云就曾亲自出门"采风":一次,马云在美国的一家餐厅

就餐的时候,他就突发奇想,找来这家餐厅的服务员,问他知不知道阿里巴巴这个名字,服务员当即就做出了非常肯定的回答,并且还将阿里巴巴的那句经典咒语"芝麻开门"说给他听。在这之后,马云又询问了很多人,得出的结论完全一致,阿里巴巴的这个名字在全球范围内有相当大的知名度,而且不论你是哪类语言,阿里巴巴的发音都大概相似(图3-28)。

图3-28　阿里巴巴

2. 企业标志

企业标志是特定企业的象征与识别符号,是企业VI系统的核心基础。企业标志是通过简练的造型、生动的形象来传达企业的理念,具有内容、产品特性等信息。标志的设计不仅要具有强烈的视觉冲击力,而且要表达出独特的个性和时代感,必须广泛地适应各种媒体、各种材料及各种用品的制作,其表现形式如图3-29所示。

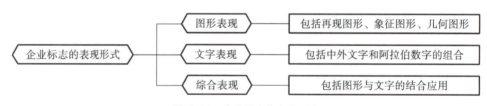

图3-29　企业标志的表现形式

企业标志要以固定不变的标准原型在企业VI系统中应用,必须绘制出标准的比例图,并表达出标志的轮廓、线条、距离等精密的数值。其制图可采用方格标示法(图3-30)、比例标示法、多圆弧角度标示法,以便标志在放大或缩小时能精确地描绘和准确复制。

3. 企业标准字

企业的标准字体包括中文、英文和其他文字字体,它是根据企业名称、企业名牌和企业地址等来进行设计的。标准字体的选用要有明确的说明性,直接传达企业、品牌的名称并强化企业形象和品牌诉求力。可根据使用方面的不同,采用企业的全称或简称来确定。对字体的设计,要求字形正确、富于美感并易于识读,在字体的线条粗细处理和笔画结构上要尽量清晰简化和富有装饰感(图3-31)。

设计上要考虑字体与标志在组合时的协调统一性,对字距和造型要做周密的规划,注意字体的系统性和延展性,以适应于各种媒体和不同材料的制作以及各种物品大小尺寸的应用。

企业标准字体的笔画、结构和字体的设计也可体现企业精神、经营理念和产品特性,其标准制图方法是将标准字配置于适宜的方格或斜格之中,并标明字体的高、宽尺寸和角度等位置关系(图3-32、图3-33)。

图3-30　企业标志方格标准制图

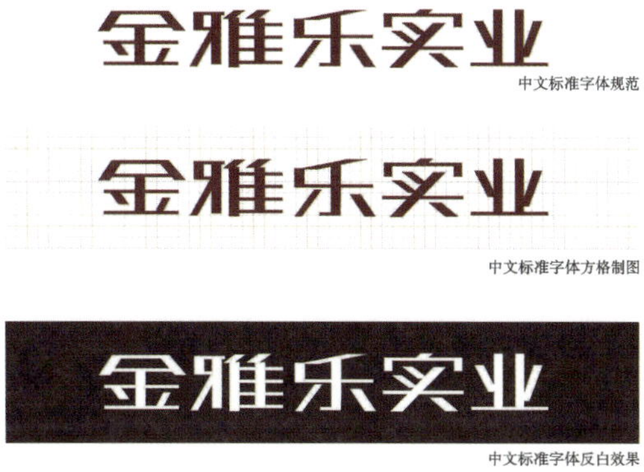

图3-31　企业标志中文标准字

图3-32　企业标志与中英文全称组合方格制图

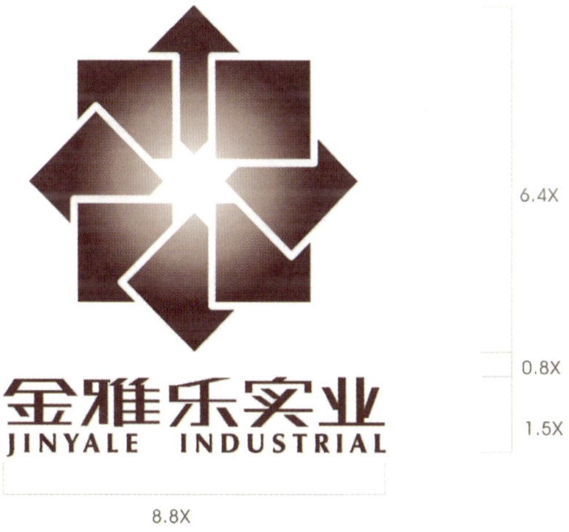

图3-33　企业标志与中英文全称组合规范

4. 企业吉祥物

企业吉祥物是以亲和、可爱的人物或拟人化形象来吸引大众的注意,使大众产生好感。企业吉祥物还可以作为衍生物发展到线下,对宣传起着十分重要的作用。

企业吉祥物能给人亲切、可爱和温暖的感觉。在设计企业吉祥物时,还可以为它取一个亲切好听的名字,例如图3-34是一家生态农产品生产企业的吉祥物,卡

图3-34　企业吉祥物

通人物取名为"和和"与"美美",寓意是希望每一个家庭的生活都能和和美美。简单通俗而又美好的名字能快速给人亲切感,赢得消费者的认可。

> 企业吉祥物的设计在一定程度上算是一种艺术性的表现,使得企业的品牌形象具有亲和力,甚至可能引发人们的二次分享。

5. 企业标准色彩

企业标准色彩是用来象征企业并应用在企业 VI 设计中所有媒体上的定制色彩（图 3-35）。透过色彩具有的知觉刺激产生心理反应，可表现出企业的经营理念等产品内容的特质，体现出企业属性和情感。标准色彩在视觉识别符号中具有强烈的识别效应。它的确定要根据企业的行业属性，突出企业与同行的差别，并创造出与众不同的色彩效果。标准色彩的选用是以国际标准色为准，使用的色彩种类不宜过多，通常不超过三种颜色。

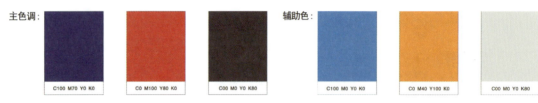

图 3-35　企业标准色彩

6. 企业象征图案

企业象征图案也称辅助图形或辅助图案，是企业 VI 系统中不可或缺的一部分，是为了配合基本要素在各种媒体上的广泛应用而设计的，在内涵上要体现企业精神，起到衬托和强化企业形象的作用。象征图案的丰富造型可以补充标志建立的企业形象，使其意义更完整、更易识别，更具表现的幅度与深度。象征图案在表现形式上以简单、抽象为主，并与标志图形形成既有对比又保持协调的关系，也可由标志或组成标志的造型内涵来进行设计。在与其他基本要素组合使用时，要有强弱变化的律动感和明确的主次关系，并根据不同媒体的需求做各种展开应用的规划组合设计，以保证企业识别的统一性和规范性，强化整个系统的视觉冲击力，产生出视觉的诱导效果。象征图案的设计与运用一般有以下 6 种方法。

（1）直接运用完整的品牌标志外形。

这种方法是将品牌图形标志或文字标志直接放大成为品牌辅助图形，将标志采用不同辅助色填充的方式进行"图案化"，延展了品牌标志应用受限制的情况，进一步强化了标志的视觉识别。

（2）将品牌标志组合成图案。

采用标志重复排列组合的方式，使标志图形退化为一种具有装饰意义的"背景"，同时也强化了人们对标志的认知。LV、GUCCI、FENDI 等奢侈品牌利用标志崇拜心理，将品牌标志图形直接连续反复组合为有节奏和韵律的图案，以此作为产品的外观装饰，兼具美感和品牌效应。

（3）截取图形标志的部分元素。

利用"完形心理"使用标志图形的局部并进行放大，仍然能够让人联想起品牌标志，同时截取的部分图形也让人注意到图形标志的独特性和美感。这是一种受到多数品牌欢迎的象征图案创建方法。CITI银行的广告简洁大气，但统一沿用了标识的核心基因——代表伞的红色圆弧，个性十足，且有品牌识别力（图3-36）。

图3-36　CITI银行广告

（4）重新演绎与现有的图形标志有较强关联但更具感染力的象征图案。

原有图形标志在变成象征图案时，美感和生动性会有不足，这时可以以额外关联的方式丰富品牌联想。如印度尼西亚航空公司的品牌视觉辅助图形（图3-37）。

（5）重新设计与标志不相关但与品类高度相关的象征图案。

此种情形多适合仅有文字标志的品牌。象征图案在一定程度上发挥了图形标志的识别作用，但又比图形标志在运用上拥有更多的灵活性。如2012年6月份英国体操协会推出的全新的视觉标志，在2012利物浦英国体操锦标赛中首次亮相。新标志通过捕捉运动员的各种运动过程，采用技术处理将这些运动轨迹制作成色彩斑斓的飘带（图3-38）。

图3-37　印度尼西亚航空公司标志　　　图3-38　英国体操协会的标志及象征图案

> **小贴士**
>
> 英国体操（British Gymnastics）是一个非营利性的体操项目管理组织，原名为英国业余体操运动员协会，1997 年更名为英国体操，其历史可以追溯到 1888 年。

（6）采用多种象征图案赋予每种象征图案不同的功能、用途（图 3-39）。

图 3-39　零食商家的多种功能各异的象征图案

7. 企业标语

企业标语是对企业理念、特色的总结概括，是企业根据自身的营销活动或理念而研究出来的一种文字宣传标语。企业标语的确定要求文字简洁、朗朗上口。对企业内部而言，准确而响亮的企业标语能激发职员为企业目标而努力，对外则能表达出企业发展的目标和方向，提高企业在公众中的知名度，其主要作用是对企业形象和企业产品形象的补充，使社会大众在瞬间的视听中了解企业思想，并对企业或产品留下难以忘却的印象（图 3-40）。

图 3-40　企业标语

以上主要介绍了优秀企业 VI 设计的几个重要元素，在实际执行的过程中还需要了解企业的具体需求，从而根据实际情况搭配和选择，以保证其能够呈现出更好的效果。

二、如何做好品牌 VI

VI 不是一个孤立的设计概念。很多人看到了 VI，却忽视了品牌，看到了视觉，却忽视了内涵。当设计以一种快餐的形态进入流水线式生产时，设计已经不是真正意义上的设计，VI 更无法实现它应该肩负的使命。

1. 每一套 VI 都是独一无二的

VI 设计远不是一个标志、一套模板可以解决的。VI 最核心的作用就是识别功能，如果没有差异，不能表现行业属性和品牌特征，则 VI 没有任何意义。每一个品牌都有自己的个性，每一家企业都有自己的特色，因此在标志和 VI 项目上都有完全不同的表现，比如说一家服务性企业与一家实业公司，两者的 VI 就完全是两个不同的概念，如果照着模板生搬硬套，设计就形同虚设。

2. VI 是塑造品牌的手段

品牌的塑造决定了 VI 的视觉表现必须有品牌内涵的强大支持，而不能只看到 VI 的表象，将其视为形象工程、面子工程，必须从本质上理解 VI 的真正意义，使其成为品牌内涵的形象外显，让每一个设计的细节都为品牌量身定做。

三、优秀的 VI 对品牌的作用

（1）在明显地将企业与其他企业区分开来的同时，又确立该企业明显的行业特征或其他重要特征，确保企业在经济活动当中的独立性和不可替代性，明确企业的市场定位，属于企业无形资产的一个重要组成部分。

（2）传达企业的经营理念和企业文化，以形象的视觉形式宣传企业。

（3）以自己特有的视觉符号系统吸引公众的注意力并产生记忆，使消费者对该企业所提供的产品或服务产生最高的品牌忠诚度。

（4）提高该企业员工对企业的认同感，提高企业士气。

因此，对于一个现代企业来说，没有VI就意味着它的形象将消失在茫茫的商海之中，让人辨别不清；就意味着它是一个没有灵魂的赚钱机器；就意味着它的产品与服务毫无个性，消费者对它若即若离；就意味着团队的涣散和低落的士气。

四、VI设计的失败表现

一套失败的VI设计一般有以下表现（图3-41）。

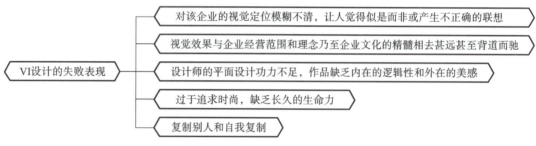

图3-41　VI设计的失败表现

一个成熟的企业家应当清醒地意识到，VI的设计绝不是可有可无的，或只是为企业涂脂抹粉、装点门面，它的意义在于将文本格式的企业理念，最准确有效地转化成易于被人们识别、记忆并接受的一种视觉上的符号系统。

本 / 章 / 小 / 结

本章介绍了VI设计在企业品牌塑造过程中的作用，以及企业在品牌塑造时进行VI设计的方法。通过VI设计可以帮助企业打造一套企业的形象与品牌，使消费者能够快速了解、获取企业的信息并加深品牌记忆，协助企业把控正确的发展方向并有利于企业的长远发展。所以品牌设计对企业在激烈的市场中立于不败之地有着重要的现实意义。

思考与练习

1. 什么是品牌塑造？品牌塑造对企业有什么作用？

2. 企业品牌塑造的标准有哪些？

3. 塑造品牌的三大模式是什么？

4. 品牌塑造应掌握哪些原则？

5. 品牌 VI 设计的三要素是什么？

6. VI 设计塑造品牌的方法有哪几种？

7. VI 品牌形象设计的意义有哪些？

8. 优秀企业 VI 的基本内容有哪些？

9. 品牌 VI 设计的内在表现有哪些？

10. 为你常去光顾却不注重品牌塑造的小店设计一套企业 VI。

第四章
VI 视觉创意设计

学习难度：★★★★★

重点概念：概念、原则、色彩系统

章节导读

VI 设计是视觉识别系统，它可以让视觉具体化、形象化，相当于企业的"脸"。在 CI 设计中，MI 是关于抽象的精神层面，BI 主要关于动态的行为层面，相比较来说是难把控的，而 VI 是将抽象符号转化成可观、可感的视觉传达的形式，它的执行效果会更直接、明显。因此，VI 在 CI 的整个系统中最具有传播力，也是最容易被大众所接受和欣赏的，占据着主导的地位。

VI 主要包括品牌标志、标准字体、标准色彩三大要素，通过这三大要素来展开系统视觉传达设计。三大视觉要素是以 VI 系统为核心，VI 中其他因素都是由此展开的，是整个形象工程的第一特征。因此，标志、标准字、标准色的设计必须具有寓意性、象征性，准确诠释品牌内涵。同时，美观、新颖、富于情趣或个性的视觉表达，可以使品牌备受关注与喜爱，搏得大众的信赖与忠诚（图 4-1）。

图 4-1　可口可乐标志的创意设计

第一节　VI 设计

VI 是应用系统,是整个视觉核心要素的实施与运用性设计(即视觉创意上的设计),它是将品牌形象建立在实体上的。应用的要素是品牌向外传播的重要形象载体,不仅可以给社会大众一种既真实又生动的感官印象,还可以使品牌形象的生命力真正呈现出来。

应用系统的设计应遵循品牌整体形象风格的统一性与系统性原则,与品牌的整体风格有冲突和矛盾的设计方案是不能存在的。应用性的设计也可以避免出现刻板、单调的设计风格,没有设计就把标志直接放在应用的载体上,这种循规蹈矩的方案缺乏新意和识别的特点,使整个品牌的个性不鲜明,品牌的形象缺少吸引力。

一、概念

VI 主要是指将企业可以看得见的一切事物,纳入一个统一的视觉识别的系统,使其具有标准化和专业化的特征。VI 可以起到将企业的信息传达到社会大众中的目的,对外树立起一个企业的整体形象,同时对内也可以取得全体员工的认可。

VI 不仅仅是单纯而简单的视觉表现手段,还是建立在视觉传播理论、视觉传达设计和视觉传播媒体控制管理的基础上的,是一项复杂的传播工程。它可以将企业信息进行概括、提炼、抽象并转成企业视觉的代码,这是整个传播工程的关键。

VI 设计由各种基本要素组成,带有鲜明的、典型的个性特征。它主要借助所有可以看得见的视觉符号在企业中传递与企业相关的信息。传达企业的经营理念,可以将企业识别的基本精神及其差异性,利用一个专门的视觉符号所表达出来,从而使消费者识别并认知(图 4-2)。

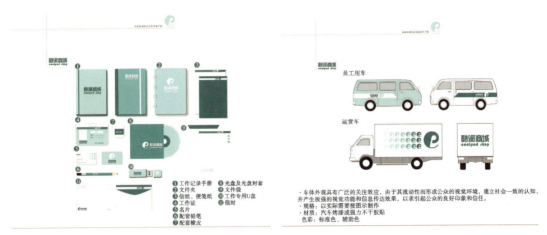

图 4-2　VI 设计

二、VI 手册的设计

1. 严谨性

VI 手册对各项设计有着细致的规定，比如大小比例、主要颜色、手册材料、具体字体等，不仅要有图例，还需要有详细的文字来进行说明（图 4-3）。

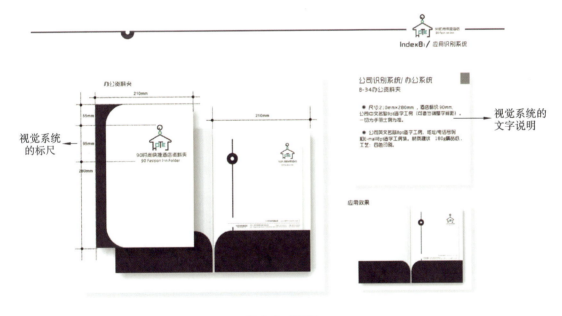

图 4-3　严谨性

2. 执行性

在设计操作规范手册的时候，每一项设计不仅要考虑审美需求，还要同时符合实际执行时的需要，在材料和工艺上可以通过前期实验来确定具体的规定条例（图 4-4）。

3. 完整性

要根据企业的整个规模还有识别推广的媒介范畴，来进行一个完整项目的设计与陈列，也可以根据企业发展的需要来进行手册定期的修改与补充（图 4-5）。

CI 设计

(a)

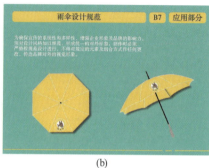
(b)

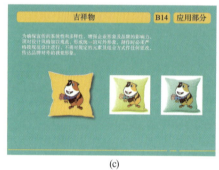
(c)

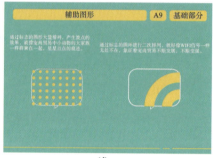
(d)

图 4-4 执行性

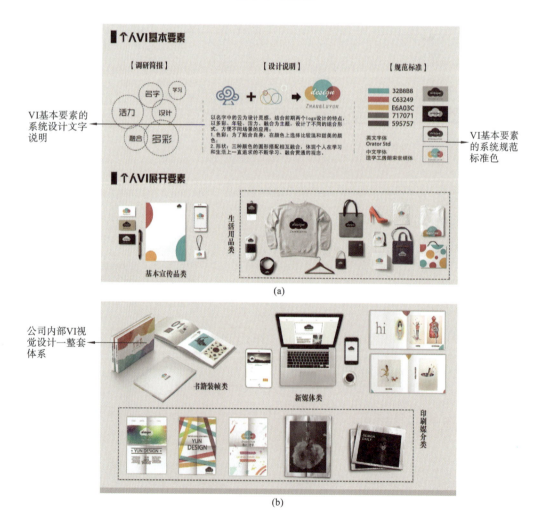
(a)

(b)

图 4-5 完整性

VI 设计主要围绕着标志、标准色、标准字体这三大要素来展开。列表规定基本上是固定的，所有的规定性设计实质都是为了能最佳地维护视觉识别的统一风格，避免潜在的一切视觉干扰性因素（表 4-1）。

表 4-1　VI 设计的要素清单

标　志	辅　助　图　形	标　准　字	标　准　色	企业吉祥物
标志的释义	辅助图形的色稿	公司全称的中文字体	标准色	吉祥物的立体效果
标志的规范要求	辅助图形的效果图	公司的简称字体	辅助色	吉祥物的基本造型
标志的规范制图	辅助图形的使用规则	公司全称中文字体的方格	特别色的运用	公司吉祥物的造型颜色印刷
标志的色彩运用		公司简称字体的方格坐标	明度的运用规范	吉祥物的展开使用规范
		公司全称英文字体		
		公司简称英文字体		

三、VI 设计原则

1. 统一性

以统一的设计来代替品牌的各项应用，从而在视觉上提升品牌识别（图 4-6）。

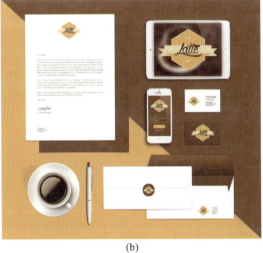

(a)　　　　　　　　　　　　　　　(b)

图 4-6　咖啡店 VI 设计的统一性

2. 系统性

VI 主要打造的是品牌视觉识别体系，从系统的方向出发来决定各项应用设计，严禁对系统精神的独立创意（图 4-7）。

3. 规范性

为了确保视觉的整体风格在各项应用中有着统一性的表现，VI 设计也十分强调制作的标准与实施规范的制定（图 4-8）。

图 4-7 系统性

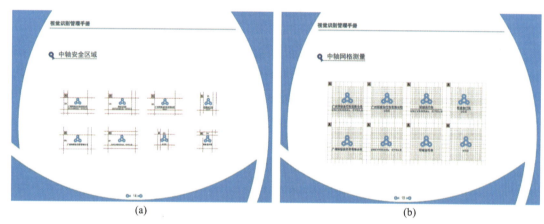

(a)　　　　　　　　　　　　　　(b)

图 4-8　VI 设计的规范性

4. 实施性

VI 设计应避免在实施上过于麻烦,从而造成高昂的成本,甚至无法实现的设计方案(图 4-9)。

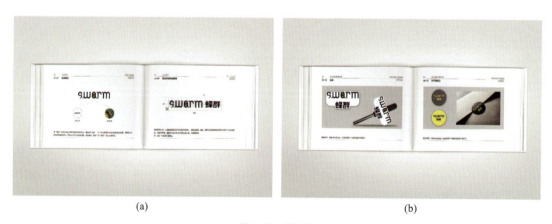

(a)　　　　　　　　　　　　　　(b)

图 4-9　实施性

5. 审美性

VI 主要是一项品牌形象包装的工程，要有美感和个性的品牌形象，从而为产品奠定良好的视觉印象（图 4-10、图 4-11）。

图 4-10　美观　　　　　　　　　　图 4-11　富有个性和创意

6. 管理性

在这个实施过程中，要避免各种实施的环节和有些部门人员的随意性，必须严格按照 VI 手册的规定执行。

四、VI 手册中的标准字

VI 手册中的字体是设计师经过初步创意，进而深入地表现出企业的名称或者是品牌形象的字体设计。字体的设计还包括企业的名称，也是企业形象识别系统最基本的要素之一。

字体设计经常与标志组合在一起使用，需要有明确的说明性和传递性，可以直接将企业或品牌的形象传递给社会大众，起到强化企业形象与品牌形象的作用。因此，VI 手册中的字体设计与标志设计同等重要，标准字设计可以分为手写标准字体设计和美术字体设计两大类（图 4-12）。

手写标准字体的设计主要是相对于美术字体设计而言，针对名人的题字，可以在不改变原创的前提下对其进行调整和编排，然后达到与标志相互协调的效果。

美术字体设计在视觉识别系统中能更大程度地方便大众的阅读。美术字体设计主要是字形的主笔画都不变，在此基础上适度地变化和装饰，一定程度上可以脱离印刷体的约束。根据品牌或企业经营性质的需要进行美术字体设计，加强文字的精神含义，使文字富于感染力。

美术字体设计离不开产品的属性和企业的经营性质，运用夸张的修饰手法，以丰富的想象力重新构成字形，加强了文字的特征，也丰富了字体的内涵。在美术字体的设计过程中，不仅要求单个字形美观，更要注重整体风格的和谐统一，以达到强烈的视觉冲击（图 4-13）。

(a)   (b)

图 4-12 标准字设计

图 4-13 书法体的标准体

  艺术不应该被时代局限，在日益全球化的今天，字体设计要体现时代感，不仅要跟国际接轨，还要吸收先进的设计经验和设计元素。中文不再是孤单的个体，需要强调开放与融合，中文字体设计的发展比较晚，如何将其与各类相关设计做到步调一致，这是我们整个社会尤其是全体设计师不可忽视的问题。

  VI 设计是视觉核心要素（标志、标准字体、色彩系统）的实施与运用性设计，是将品牌形象真正建立、应用在实体之上。应用要素的设计是品牌向外传播的形象载体，给受众以真实、具体、生动的感官印象，将品牌形象的生命力更加具体和真实地施展出来。

  应用系统的设计开发应遵循与品牌整体形象风格的统一性与系统性原则，避免出现与品牌整体风格脱节、冲突的设计方案。与此同时，应用性设计也应避免刻板、单调、教条的设计作风，不经设计与斟酌地将标志直接放置于应用载体上，或循规蹈矩、墨守成规，产生出的方案会缺乏新意与识别特点，品牌个性不鲜明，品牌整体形象缺乏吸引力，难以让人记住它，也就失去了设计的初衷（图 4-14）。

图 4-14　腾讯 QQ 图标 VI 设计

因此，品牌的应用系统设计应当基于品牌视觉核心要素设计确立基础之上再设计、再拓展。适度、良好、富于技巧的设计可令品牌形象鲜活起来。

办公用品是公司、企业开展业务时必备的沟通用具，也是形象传播的重要载体。办公用品包含企业对内所需的各种文件用纸、证件、票据，以及对外沟通交流所用的名片、信函、请柬等内容。根据不同的内容还可细分为办公用纸、便笺纸、文件夹、资料袋、信封、信纸、员工证件等，项目繁多，但设计方式根据不同需求和创意进行表现，趣味无限。

在当代设计中，有很多设计工作室专门从事办公用品项目的设计，看似项目琐碎，但是可以体现企业的经营之道，以小见大，体现企业精神和品牌的独特性（图 4-15）。

图 4-15　办公用品 VI 设计

在现代商务交流中，电子邮件已经逐步取代了人工投递信函的形式，无纸化办公也成为现代企业追求的办公方式。纸张的节约为企业办公节省一笔不小的开销，同时也提高了办事的效率。电子邮件与传统邮递信函相比有明显的优势，因此在办公事务中，应增加企业邮箱电子邮件页面设计，将邮件发出者的页面设计成为电子名片，使收到邮件的人可以了解发件人的职务、联系方式、供职部门等信息。

这一设计也与网络设计相关，必须引起设计重视。在设计中版式可以脱离常规，纸张可以选择更换，设计可以推陈出新，使整体设计效果紧跟时代，这才是企业管理者与受众最欢迎的。

VI 是 CI 中最外在、最直接的表现部分，它承载着视觉传达的职责。VI 又是 CI 的静态识别符号，它所包含的内容及项目最多，传达层面最广，获得的效果也最直接。它是在企业经营理念的确定和战略规范、经营目标制定的基础上，运用视觉传达系统特别是整体的传达系统，根据传播媒体的个性要求开发，通过视觉符号的设计系统来传达企业的精神理念。目的是表现企业的个性，突出企业的特点，使企业内部、社会各界和消费者对企业产生一致的认同感（图 4-16～图 4-18）。

图 4-16　服装 VI 设计

图 4-17　面包 VI 设计

图 4-18　完整的 VI 设计

五、辅助图形的应用

辅助图形是视觉识别形象设计的扩展，灵活多变，是对企业与品牌形象的有效辅助与补充，有助于最大化地发挥品牌的价值，增强企业形象的生命力与亲和力。现如今商品的同质化现象相对严重，企业的经营策略亦有雷同，如何强化形象差异成为企业形象的亮点。

辅助图形因其自由度高，成为企业形象塑造的着力点之一。企业形象是一个全面的塑造过程，单一对标志的推广会使整体形象陷入单调狭隘的境地，辅助图形已成为拓展企业形象的有效手段之一（图4-19、图4-20）。

图4-19　手提袋的辅助图形

图4-20　办公用品的辅助图形

辅助图形是对品牌标志的延伸，它既是标志的补充，更是对完整的企业形象塑造的提升，能增强品牌形象的诉求力。例如，LV的Monogram图案是由圆圈包围的四片花瓣、四角星、凹面菱形内包四角星，加上重叠一起的"LV"两字母组成，已经成为经典（图4-21）。

辅助图形的设计既具有为实现品牌推广而进行创意设计的目的性，又具有图案设计的装饰性，因此辅助图形应围绕视觉要素的核心设计。多选择抽象的几何形或带状效果，在几何图形的设计上多借鉴编制的图形效果。

辅助图形的设计有三种方式：一是以标志为基础的，借用标志轮廓进行局部改变；二是根据标志整体造型进行形式上的模仿设计，与标志在视觉效果上形成系列感和统一感，在设计理念上强化品牌的特征；三是根据理念宗旨进行图形装饰设计，与标致造型不需要有太大的关联（图4-22）。

标志是企业理念的视觉效果，在使用上受到局限，因此要尽量保持标志形象的完整、稳重、大方，而辅助图形的设计及排版的多样化、灵活性的特点恰恰可以弥补标志在使用中的不足，强化标志的权威性。

辅助图形的设计理念在围绕企业宗旨及标志形象的同时，也需要兼顾视觉美感，使用的可变性，以及与标志、标准字之间的搭配关系。辅助图形的使用方法多样，可以单一使用，也可以和标志、文字组合使用，还可以复制、排列、组合形成新的图案效果，扩大视觉冲击力，增强大众的记忆力，丰富大众的视觉感受（图4-23）。

CI 设计

图 4-21 奢侈品 LV 的辅助图形　　　　　图 4-22 零食商家辅助图形

图 4-23 兼顾标志与标准字的搭配关系

小贴士

VI 的必要因素

VI 视觉创意设计是将基础部分严格规定的标志、色彩、字体，以及组合方式用于企业或产品在应用实施环节涉及的不同用品上，使品牌视觉要素得以统一再现。值得一提的是，VI 视觉创意设计依据项目类别的不同（企业类、产品类，环境类等），在设计项目列表上存在很大的差异。因此在具体操作时切不可简单套用通行的项目列表，而应当从实际出发，按需设计。在应用识别系统的制定中，应保证实用性原则。除了图例以外，良好的 VI 手册版式以及有序合理的标题、注解、文字说明等，都是保证后期能按标准执行的必要因素。

第二节 标志设计

VI 基础部分的视觉要素是由标志、识别色系（标准色）、标准字体三大要素构成。其中以标志设计为重点，同时确立其主识别色系。标准字体的设计相对独立，但原则上应采用与标志设计风格相协调的字体样式。之后，围绕三大视觉要素展开细致严密的组合规划设计，该阶段的设计将最终形成严谨的视觉核心系统，视觉核心系统会在一个相对长的时间里保持稳定不变。它在庞大的 VI 视觉体系中是最为稳固的，有时也因此表现出保守、单一的缺憾。

对此，有效应对的方式是建立品牌视觉外核系统，即补充辅助图形，辅助色彩的设计，我们称为品牌的优化性设计，它能有效地丰富 VI 视觉核心，从而最终打造出多样统一的 VI 视觉核心系统，即 VI 设计的基础部分。

企业标志承载着企业的无形资产，是企业综合信息传递的媒介。标志作为企业 CI 战略的最主要部分，在企业形象传递过程中，是应用最广泛、出现频率最高，同时也是最关键的元素。企业强大的整体实力、完善的管理机制、优质的产品和服务，都被融合于标志中，通过不断的刺激和反复刻画，深深地留在大众心中。

一、标志的特点

1. 识别性

识别性是企业标志的基本特点。借助独具个性的标志，来获得本企业及其产品的识别力，是现代企业市场竞争的"利器"。因此通过整体规划和设计的视觉符号，必须具有独特的个性和强烈的冲击力。在 CI 设计中，标志是最具有企业视觉认知和识别功能的设计要素（图 4-24、图 4-25）。

图 4-24　婚纱店标志　　　　　　图 4-25　幼儿园标志

2. 领导性

企业标志是企业视觉要素的核心，也是企业开展信息传达的主导力量。标志的领导地位是企业经营理念和经营活动的集中表现，贯穿和应用于企业所有相关的活动中，不仅具有权威性，而且还体现在视觉要素的一体化和多样性上，其他视觉要素都以标志为中心展开（图 4-26）。

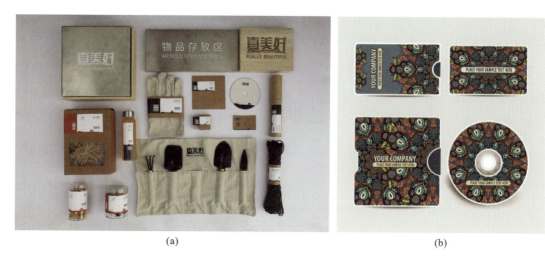

图 4-26　视觉要素的一体化

3. 营销性

标志本质上是企业、产品或服务的象征物，因而标志设计应准确传递产品或服务信息，体现产品的品质及特征，以及企业理念、企业实力等，具有营销的力量（图 4-27、图 4-28）。

图 4-27　雀巢图标　　　　图 4-28　良品铺子图标

4. 延展性

企业标志是应用最为广泛、出现频率最高的视觉要素，必须在各种传播媒体上广泛应用。标志中的图形要针对印刷方式、制作工艺技术、材料质地和应用项目的不同，采用多种对应性和延展性的变体设计，以产生切合、适宜的效果与表现力。

5. 系统性

企业标志一旦确定，随之就应展开标志的精细化作业，其中包括标志与其他基本设计要素的组合规定，目的是对未来标志的应用进行规划，达到系统化、规范化、标准化的科学管理，从而提高设计作业的效率，保持一定的设计水平。此外，当视觉结构走向多样化的时候，可以用强有力的标志来统一各部分，通过同一标志不同色彩、同一外形不同图案或同一标志不同图案的结构方式，来强化企业的系统化精神。

6. 应用性

标志的应用范围极为广泛，标志设计不仅要考虑到平面、立体以及不同材质的成本预算，还需要考虑制作工艺，确保实施效果，以及适合各种媒体。

7. 涵盖性

随着企业的经营和企业信息的不断传播，标志所代表的内涵日渐丰富，企业的经营活动、广告宣传、文化建设、公益活动都会被大众接受，并通过对标志符号的记忆刻画在脑海中，经过日积月累，当大众再次见到标志时，就会联想到曾经购买的产品、曾经受到的服务，从而将企业与大众联系起来，标志成为连接企业与大众的桥梁。

8. 情感性

好的标志设计应给人正面的情感诉求，比如平易近人、感染力强、美的享受、联想丰富、令人喜爱、积极向上以及符合消费心理等（图4-29）。

图 4-29　社会关爱类标志

二、标志的设计原则

1. 要有好的创意

设计贵在创新，但创新并不是一味地求新、求异，而是要有创新的方法。设计创新的方法同研究事物一样，应从内、外因两方面一起入手。

在设计之前，我们需要明确具体的对位层，究竟是什么样的人将要使用品牌？明确对位层之后，一系列的比如使用环境、使用条件和使用时间都能清晰反映出来。其后，便可以了解究竟是从材料入手，还是从技术工艺的重新整合或是造型结构入手进行创新。

这样，设计的品牌才能从根本上满足大众的需求和审美。一个优秀的标志设计师，首要便是倾听和理解所要做的企业，了解企业的气质、灵魂和理想。

2. 符合风水

古代人择吉而居，就是寻求安全感。风水是约定俗成的，远古的图腾就是人们对风水选择的结果。图腾概念是人们憧憬、幻想的结果，这就是最早的标志（图4-30）。

图4-30　中国吉祥图腾

3. 统一形式

一般事物都具有形式和结构，形式和结构的研究是一种共性研究，研究的对象是事物的形式和结构的构成规律，它具有方法学的意义和交叉学科的性质，现在已经广泛应用到除生物学、语言学以外的各个学科。造型艺术的诸多学科由此增添了更为有效的研究工具和方法。

形态学设计的领域有几何形式、力（结构）、材料。三者是构成形式和结构的三大要素，互相关联，不可分离。自然界中物体的存在与运动都具有一定的结构、形式和秩序，对自然形态和功能的模仿产生了仿生学。而人工形态则是人工制作物的形态，从小型纽扣到大型城市建筑都是人工形态。在标志里面，结构和形式要做到最佳的有机统一，否则就会造成形式与内容的此消彼长。

4. 标志设计的目标

语言是符号，具有最基本、最本质的符号特征。说话最关键的就是说对、说清、说精彩，与其相关的就是语态、语言、语气。罗列堆积、目标不清就是诉求不清，墨守成规。设计如同说话，关键在于表现什么和如何表现。

设计要做对、做清、做精彩，而这些则是靠内容、形式和手法来共同完成的（图4-31、图4-32）。只有设计目标明确了，才有可操作性。

图 4-31　国外酒水图标　　　　　　　　　图 4-32　国外创意餐厅图标

> **标志设计的特点**
>
> 简而言之，标志设计拥有平面化、单纯化（简洁）、秩序化及平面化中的立体变化的特点。
>
> 标志为什么要平面化、单纯化？由于制作条件、工艺材料、认识水平的局限，原有的标志设计没办法去做任何立体化的效果，只能从平面与简化的角度入手，运用对称、均衡、和谐、节奏、重复、统一等手法去挖掘精致的东西。自然而然，标志就产生了平面化、简洁化、秩序化的特点。随着科技的进步和设计师认识水平的提高，标志渐渐出现了平面化中的立体变化。标志不可能像雕塑一样完全立体化，它只能在平面的基础上产生立体的变化。因此，设计师运用渐变、立体效果等手法丰富标志的形式，形成了今天多样的标志风格。

小贴士

第三节　企业吉祥物设计

企业吉祥物的功能包括两个方面：其一，它是企业标志在新的市场竞争形势下的演化与延伸，可以说是企业的第二标志；其二，它具有补充企业标志说明性质的作用，作为一个企业或产品代表性或象征性的角色，它能直接影响消费者对企业的认识，有利于企业形象个性化的建立。

企业吉祥物的设计要理性地分析企业的实态、企业的品格、品牌的印象或产品的特质等，并以确立的企业形象定位为基准，然后再决定设计的方向，选择设计的题材和形式，设计出与企业或产品身份相吻合的辅助图形。

一、辅助图形的创意准则

1. 造型的关联准则

企业辅助图形的形象必须与企业和产品有所关联并相互吻合，这样它们之间才能和谐、自然，并有助于企业形象个性化的建立（图4-33、图4-34）。

> 辅助图形与原有图形标志关联程度过大时，美感和生动性会有不足，可以通过额外关联的方式丰富品牌联想。

图4-33　天猫企业　　　　　　　图4-34　苏宁易购企业

2. 造型的个性准则

辅助图形需要有与众不同的个性，在造型、风格和气质上都独具特色，并具有较强的识别性（图4-35、图4-36）。

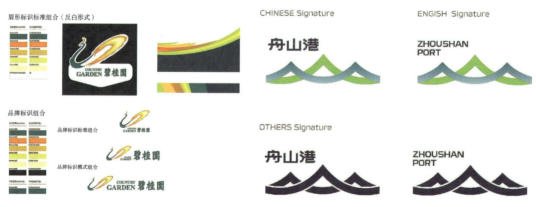

图4-35　碧桂园辅助图形　　　　图4-36　旅游景点辅助图形

3. 造型的情感性准则

辅助图形应可爱、有趣，富有人情味、某种情感与气质，令人感到亲切，使人乐于接受（图4-37、图4-38）。

图4-37　可爱辅助图形　　　　　　　　　图4-38　个性辅助图形

4. 造型的稳定性准则

辅助图形在造型上虽可做一定的延伸变化，但也应与标准图形一样具有稳定的形态特征，不能随意加以改变。

5. 取名的艺术性准则

辅助图形取名要别致、有趣，富有人情味，能给人留下深刻的印象，使人见到它的名字便能立即联想到该企业和企业产品（图4-39、图4-40）。

图4-39　海尔兄弟　　　　　　　　　图4-40　米其林轮胎

6. 造型的表现性准则

在设计时要对辅助图形的形态和表情予以适当的夸张、变形处理，使其气质和特征

图 4-41　适当夸张和变形

更加鲜明、突出（图 4-41）。

7. 造型的简洁性准则

辅助图形在造型上要高度概括、提炼，尽可能单纯化，使企业造型的个性更加突出，以便于人们识别与记忆。

二、企业吉祥物的作用

1. 统一品牌印象

标志具有建立企业和商品的标签性认知的作用，具有法律的认可，不能被卡通吉祥物代替，所以卡通吉祥物只能作为企业 VI 中标志的补充。

企业的广告宣传中如果只有商品名和标志，未免太过普通，很难引起消费者的共鸣。单独运用广告语的力量也不够，特别是对文化程度不高的人来说，由于理解能力的缺乏，更有可能传达不到位，而对于那些需要新鲜刺激感的人群来说又缺乏吸引力。

人们第一眼所见时如果能留下足够强烈的记忆，那么当它再次出现时，就会加深原本的记忆。卡通吉祥物恰恰具有这样的功能，它不仅仅能吸引人的注意，还能在大众的头脑中逐渐形成和产品相关的印象（图 4-42）。

图 4-42　2008 年奥运吉祥物

2. 富有亲切感，提高企业认知度

卡通吉祥物具有其他图形不易具有的美观感、趣味感、活泼感以及明朗感，特别是它们常常带有幼稚可爱的形象和率真的气质，具有一种不可抗拒的亲切感。对于以女性和儿童作为主要消费对象的企业，采用卡通吉祥物往往能获得较高的认知度（图 4-43、图 4-44）。

图 4-43　途牛吉祥物

图 4-44　蚂蚁金服吉祥物

3. 具有持久性，维系企业的整体结构

VI 有专用字体、标志、色彩，以此代表企业的统一性。卡通吉祥物同样能结合企业、商品及宣传、推广、服务等各个环节，让大众接受卡通吉祥物就如同接触整个企业的整体结构。而在企业内部，吉祥物就如同一个维系全体人员及所有组成部分的环节，能使企业理念发挥应有的作用。

> **小贴士**
>
> **吉祥物具备的特征**
>
> 从设计角度出发，吉祥物应该具备以下几个特色。
>
> （1）独特性。吉祥物的设计应该具备独有的特性。任何吉祥物都应该有着与众不同的外形和内涵，这样才能更好地区分以及宣传自身的特色。
>
> （2）说明性。企业吉祥物的设计，无论是造型还是图形、文字说明，都应让消费者了解到企业的文化内涵以及企业宣传的信息。
>
> （3）艺术性。艺术源于生活却高于生活，吉祥物的设计就是对现实生活的写实以及肯定，让消费者容易识别，同时具有一定的视觉冲击力。
>
> （4）幽默性。吉祥物应该具有幽默性，能够引起消费者的喜欢，激发消费者的联想，充分调动观看者的心理状态。
>
> （5）拟人化。企业吉祥物的设计采用活泼可爱的拟人化形象，在企业信息传达中具有亲切性和吸引力，更加容易吸引观看者的眼球，加深印象。
>
> （6）象征性。现在很多企业都会做宣传推广，尤其是运动会都会有自己的吉祥物。吉祥物是文化的传承，更多的是一种祝福，一种精神。因此吉祥物的象征意义是深远而重大的。

第四节　VI 色彩系统的构成

VI 色彩系统由标准色与辅助色组成，两者相加，构建出整体色彩的识别印象。

一、标准色

VI 色彩系统中的标准色，一般都是指标志的构成色彩，即标志所使用到的颜色。标准色是象征企业的又一重要视觉记号。研究表明，色彩胜过图文对人心理的影响，具有感性的识别性能。也许你不能正确地拼写出品牌的名称，或是描绘出品牌的形态，但一定能说出它的颜色来，这就是色彩的"威力"（图 4-45）。

标准色一经确立，便成为品牌色彩系统中的主角，在各类应用设计中重复地出现，并保有在整个色彩体系中的优势比重，突出其品牌代表颜色的主体地位。标准色一般为一至两种颜色，不宜超过 3 种。也有个性化或反常规的用色手法，但为数不多。

标准色的制定需要把握以下设计原则。

（1）标准色能很好地象征企业或产品。

（2）能够在竞争品牌中清楚与轻松地识别出来。

（3）考虑主要目标群体的心理感受、喜好与禁忌。

（4）与其他设计元素的和谐统一。

（5）用色倾向单纯，一般为一至两种套色，色彩成分简单，多为纯色，具有较高的明视度。

（6）色彩执行标准严格，高度一致。

(a)　　　　　　　　　　　　(b)

图 4-45　企业标准色举例

二、辅助色

品牌标准色一般不超过 3 种，这样能提升品牌色彩的醒目度与识别度。但随之带来的问题是，由于应用性设计涉足项目广泛，单靠简单几款标准色显然无法适应广告推广、产品包装、企业宣传等多重设计对色彩的需要。在视觉效果上，有时会表现出单调、乏味，因此，需要扩充品牌用色，即引入辅助色系。

辅助色能更丰富、更立体、更完整地表现出品牌的内涵与精神（图 4-46、图 4-47）。

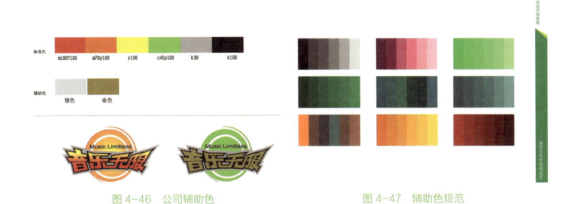

图 4-46　公司辅助色　　　　　　　图 4-47　辅助色规范

辅助色的设定数量虽没有具体限定，但也不是随意选出的，辅助色设计应遵循以下原则。

（1）从视觉美学上，要与标准色相协调，具有帮助、烘托、丰富、美化标准色的作用。

（2）在进行色彩应用时，一定要注意保持与标准色的从属关系。若辅助色的运用比重超越了标准色，会导致标准色识别印象模糊，从而造成色彩混淆、视觉不佳的局面。因此，辅助色不仅在于色彩的选取，还在于色彩的搭配运用规则的制定。

（3）具有战略眼光。依据品牌的战略部署，从未来应用性设计的需求出发，有计划地开发辅助色，而绝非无目的地选色。

（4）标准化、系统性。辅助色归属于品牌整体色彩计划之下，其制定、实施同样需要严格规范（图 4-48）。

图 4-48　创意 VI 辅助色

色彩自身的色相、明度、纯度的属性关系，使其具有较高的视觉识别力和记忆力。在长期的社会实践过程中，人们对色彩认知达成了共识，并赋予色彩情感与联想，使色彩具有鲜活的生命力。

色彩在企业形象中的应用同样具有鲜明的符号识别作用，企业形象色彩是企业对色彩的特殊需求，代表企业形象。因此企业形象色彩即企业的标准用色，是本企业或产品品牌的专用规范用色。企业标准色彩的设定是将企业理念及精神内涵通过色彩进行品牌形象定位，将色彩的视觉强化功能作为企业或产品推广的有效手段之一，增强企业品牌识别力（图4-49、图4-50）。

图 4-49　中国邮政主色为绿色　　　　　图 4-50　飞利浦主色为蓝色

三、标准色的设定原则

企业标准色的设定，一是应与企业整体形象、企业经营理念相一致，充分体现企业文化的精神内涵，色彩选择应具有积极性、可靠性和独特性；二是考虑不同受众的心理感受，符合大多数人的审美观念；三是考虑色彩自身的特征和象征意义，充分体现大众对色彩的联想，充分表达企业的美好愿望。例如能源公司的标准色彩会倾向于选择绿色、蓝色、黄色（图4-51、图4-52），分别象征健康、清洁、温暖，而黑色不适合这类企业。

在标准色设定时应在多方面进行权衡比较，特别要注意大众对于社会生活中色彩应用的习俗和民族色彩禁忌，避免引起不必要的麻烦。

图 4-51　绿色系列 VI 系统　　　　　图 4-52　黄色系列 VI 系统

四、标准色的运用

企业标准色的选择与运用要符合企业理念,色彩具有鲜明的品牌个性,是企业标准色得以完整诠释的最佳表现形式。自 20 世纪 80 年代起,企业标准色的使用形成潮流,因此标志色彩多被设定为企业标准色的基准色调。

标准色并不是单一的色彩,可根据企业理念设为多色。总体比较而言,单色标准色记忆度高,识别性强,给人印象深刻。色彩选择时应考虑明度适中或偏低、色相醒目明确、纯度适宜。明度过高在强光下不易识别,因此晚间识别度变低。

多色标准色指采用两种或两种以上的色彩作为企业的形象色彩,其搭配效果多变,视觉感受丰富。多色标准色的个数不宜超过三个,过多容易造成混乱,并且色彩定位容易缺少整体性,一般两三个为宜。多色标准色比单色标准色在形式上丰富,设计手段相对灵活,在搭配形式上尽量采用固定搭配,以增强大众对色彩的记忆度(图 4-53)。

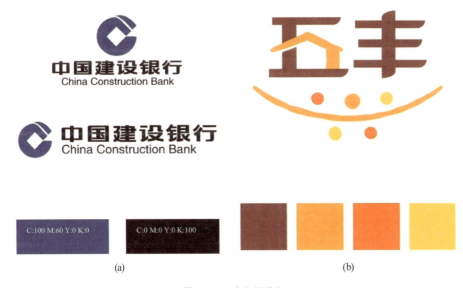

图 4-53 多色标准色

五、标准色的管理操作方法

企业标准色在设定之后,应有严格的管理办法和应用规范,要求色彩在使用过程中不偏色,以达到完整的视觉效果。规范的制定能有效保护企业形象色彩不被其他企业盗用、侵权,一旦确定企业的专有色彩,它在法律上将会得到有效保护。

在标准色的管理操作过程中,一般使用印刷模式表示法、专有色彩编号法、理论数值标注法等。印刷模式表示法是最为常见与常用的表示方法。在营销过程中,广告宣传需要借助色彩印刷媒介。

现代印刷一般采用四色 CMYK 模式,标准色标示时将 CMK 四色数值写清楚即可。为增强版式设计感,可将色彩以某种色块形式展示。专有色彩编号法一般针对油漆或油墨的配色方法设定权威的参照标准。

PANTONG（潘通）色系是权威性的国际色彩参照标准，已成为当今交流色彩信息的国际统一标准语言（图4-54）。它由色卡号和配方百分比组成，显示色彩的编号标准。这一编号法适用于建筑环境、车身喷涂广告等以油漆油墨涂料为媒介的环境。

理论数值标注法是根据蒙赛尔色卡中色彩的三属性数值规定，标示企业标准色的精准数值。这种标注法一般运用在色彩精度高的媒介形式上，因此适用范围相对较小。

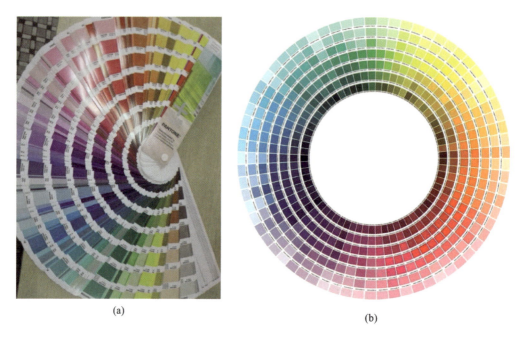

(a)　　　　　　　　　　　　　　(b)

图4-54　PANTONG（潘通）色卡和色环

本 / 章 / 小 / 结

本章介绍了CI设计中VI设计的创意方法。我们不能将VI设计看作是简单的标志设计，或是标志设计的拓展。它是对企业形象的诠释，能深刻反映企业文化特征与公众对企业的认知态度。VI设计的特色在于对文字笔画的变形与再加工，对色彩的精炼与筛选。不能简单套用现成模板来设计，而要根据企业发展阶段和使用需求来进行。VI设计的受众群体不仅是企业内部人员，还要更多地考虑消费者的需求。

思考与练习

1. 简单概括 VI 的特点。

2. VI 设计的原则有哪几点？VI 的必要因素具体有哪些？

3. VI 手册制作必须遵循哪几个方面的原则？

4. VI 手册中的字体有哪些形式，分别有什么特点？

5. 图形标志和字体标志的特点是什么？

6. 标准字体和美术字体的特点是什么？

7. 如何设计一个符合企业形象的吉祥物？

8. 一个成功的企业标志应具备哪些特点？

9. 结合课外的知识和模板，设计出一个代表自己名字的图标。

10. 自己设计一个图标，将图标的标准色用色块的方式标示出来。

第五章
CI 应用系统设计

学习难度：★☆☆☆☆

重点概念：环境、图形、创意

章节导读　　应用系统在刚开发的时候，就应该遵循与品牌整体形象风格的统一性和系统性原则，还要避免出现与品牌整体风格脱节和有冲突的设计方案。与此同时，应用性的设计也应该避免刻板、单调的设计方案，不经过设计的图标要是直接放置于应用载体上，会严重缺乏新意与识别特点，从而使品牌的个性不鲜明，品牌整体形象不具有吸引力。因此，品牌的应用系统设计应当基于品牌视觉的核心要素，设计确立后再去拓展项目。用适度、良好、富有技巧的设计来发挥，使品牌的形象更加鲜活（图5-1）。

图 5-1 品牌包装设计

第一节 环境指示导向系统设计

环境指示导向系统设计（或称导视系统设计）主要是指企业的机构或特定地方的机构、场所，其次是公共环境中的指示标识牌、建筑楼顶标识牌、道具设施等要素的整体性设计规划。该环节的设计介于平面设计、造型设计、环境设计学科的交叉领域。要同时具备这三个领域的设计技能与足够的经验，才能更好地完成该环节的设计任务。

导视系统设计是根据人对空间环境的信息而进行的系统设计，它可以让人更便捷有效地对环境进行认知，来确定"我在哪儿""要去哪儿""怎么去"。导视系统设计也是现代城市化信息的一个重要部分，它能有效提高区域与城市形象，提高服务品质，改善环境并美化空间，其设计和艺术性的表现可以让环境与空间的形象得到认同。

一、主要项目的明细

1. 户外指示牌

主要包括出入口的指示牌、名称主要标识牌和门楣区域的导向牌、户外立地式的大型灯箱、户外墙面式灯箱、停车场的指示牌、商场欢迎标语牌等（图 5-2）。

2. 室内指示牌

主要对楼层标识牌和方向指引标识牌、空间的色彩导向识别、部门牌、内部作业流程指示、玻璃隔断色带风格进行设计。

图 5-2　户外指示牌

3. 区域平面示意图

主要包括总体的区域看板、分区域看板（图 5-3）。

图 5-3　区域看板

环境导视对生态公园的影响

小贴士

北京麋鹿苑于 1985 年建成，曾为元、明、清三代皇家苑囿南海子的一部分，是我国第一座以散养方式为主的麋鹿自然保护区。在环境导视的设计方面，以自然生态为出发点，设计概念来源于对麋鹿形态和植物树木形态概念元素的提炼，以简练清晰的图形表达，融合了项目动植物特质。项目区域内有多个功能分区，设计以不同的色彩加以区分，同时又丰富了项目设计色彩的管理系统（图 5-4）。设计以清晰、自然、生动的状态呈现在人们面前。

图 5-4 麋鹿苑的环境导视设计概念

4. 环境风格类

主要包括学校大门的外观、各个厂房的外观、主体建筑外观、室内空间装饰风格。

5. 公共道具设施

主要包括布告栏、资料架、垃圾筒。

二、设计原则

1. 平面、造型、空间的融合型设计

设计师将品牌形象进行立体化、空间化设计，不只是简单地停在平面设计这个阶段，还必须同步导向牌的立体造型设计以及考虑与环境的关联性设计。这三者相加成就了完整度高且设计较为独特的作品（图 5-5）。

2. 利用材料设计出独特标志

造型与环境的设计需要在设计方案的后期，进行材料的选择和工艺上的配合，存在着一定的变化。整体的色彩要结合质感，共同传递到大众的眼前，带来不一样的感官享受。例如，建筑外立面的标志物，需要考虑白天和夜间都具备良好的观看效果，如果只考虑夜晚霓虹灯的灯光颜色而忽略了白天，致使在白天连基本的识别度都做不到，这样的设计就是失败的。公司入口的背景墙，除了要考虑墙上有公司的标志和公司名称的组合效果，还要设计出背景墙本身的造型、材料、布光，且必须与公司内部的整体装饰风格相呼应（图 5-6）。此外，必须熟悉掌握相关的建筑装潢材料、加工工艺以及相对应的视觉效果的知识，倘若缺乏相关的知识，所有的设计都成为纸上谈兵。

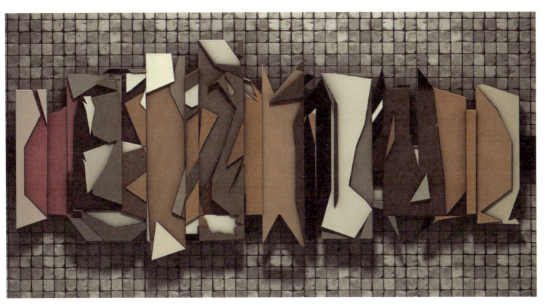

图 5-5　立体造型设计

图 5-6　公司背景墙

3. 要保证有良好的指示性

在公共场所缺乏一些必要的公共导视,是一个普遍存在的问题。这些公共导视的缺失虽然表面上看起来问题不大,但是不设置此类导视就会出现严重的后果。

如果在行人川流不息的马路路口上,没有提醒车辆注意前方行人的黄色标志牌,容易造成交通安全事故(图 5-7);如果在公共游泳池的深水区,没有设置深水区水线深度和"请勿戏水"的警示标志,不会游泳的儿童在此处玩耍是非常危险的。

图 5-7 警示牌

4. 信息的识别性弱

图形信息的符号应用不规范，是导致信息识别性不强的主要原因，这也是导视系统设计中常见的问题。例如，在一些大型公共场所的楼道里贴出的"火警疏散图"标识中，表示安全出口的图形和表示疏散方向的箭头本应该用绿色（图5-8），结果全部用了表示禁止的红色，表达了相反的意思，成了限制性标识。又如，国家标准规定街道、路牌标识颜色中南北方向为绿色，东西方向为蓝色，倘若符号用错颜色就会给人误导。

我国有一整套与国际接轨的公共信息图形符号标志的标准，如红色表示禁止，蓝色表示指令，黄色代表警告，绿色代表提示和导向。可在很多地方的公共标识中，颜色却经常遭到乱用。就连一家专门接待中外客人的招待所，也出现了洗手间的导视牌错用红色的常识性错误。有关专家提出：没有警告含义不允许使用黄色，没有禁止、停止和消防含义的图形符号，一定不能使用红色（图5-9）。实际上导向标识往往比提示标识重要。

图 5-8　安全图标

图 5-9　禁止图标

第二节　企业标志设计中的字体与图形

一、企业标志的定义及原则

标志（LOGO）是可以用来识别的符号。早在上古时代，氏族部落就以神秘动物、自然物象乃至抽象图形作为自己氏族的图腾,用来祭祀、表示敬仰。古希腊时期,人们就开始运用符号来代表事物和传递信息。经过千百年的演变与转化,图腾、徽标、符号、纹样作为信息载体,逐渐演变成为一种视觉语言,表达、联系着人们的精神与物质生活。

企业标志是企业视觉识别系统的核心,高度浓缩了企业理念,是企业精神的形象化身,承载着企业管理者对企业期望的远大前途。现代经济的快速发展使企业标志成为企业及其产品营销中不可缺少的视觉形象。优质的企业为企业标志形象的树立与拓展搭建了良好的平台,由此企业标志转化为品牌的形象,也成为企业增值的无形资产(图5-10)。

(a)

(b)

图 5-10　企业图标

企业标志设计应注意以下几个原则:独特性、注目性、通独性和通用性等。

企业标志是用抽象的视觉符号来传递企业的理念与精神,通过图形、色彩、文字的穿插组合,形成有效的、带有信息传递功能的图形符号,具有很强的商业价值(图5-11、图5-12)。

图 5-11　回力运动鞋图标

图 5-12　水果店铺的图标

二、标志的分类

标志按设计元素可以分成图形标志和文字标志。

1. 图形标志

图形标志是利用图形跨语言、跨国界的优势，强化图形的共识性特征来进行的标志设计。具象图形的另一种表现方式是用夸张、拟人的手法塑造卡通形象。与具象图形相对应的便是抽象图形，抽象图形由点、线、面组成，与具象图形相比较，抽象图形表现更多元化，理性的几何形状与感性的随意形状创造出多种新颖独特的标志图形（图5-13）。

图 5-13 标志设计的图标

没有概念的图形标志设计，往往流于形式，无法准确地达到视觉传达效果。因此，要做一款好的标志，首先要准确利用概念抓取、平衡各种限制因素，判断必须借由图形传达出的核心概念，最终用最恰当的形态表现出来。

标志设计十分忌讳无内涵承载的纯形式化表现，概念的准确抓取以及概念成功转换为视觉符号是设计时的重点与难点。设计时应注意以下原则。

（1）熟悉概念提取的准确度，如可以从企业理念、行业特点、地域特征等入手。

（2）把握概念提取的完整度，概念应该综合并且考虑品牌的行业特点、大众的喜好、企业的设想等。

（3）首先是对标志的把握，其次才是色彩、质感等。

（4）利用形式感来体现美感，提升标志的信赖感与品质感。

（5）使用形式感法则塑造标志的形态语言，如对称体现稳定，款式的线面体现厚重感。

设计创意的具体过程为：收集信息—抓取概念—设计草图—提炼形态—色彩运用—质感特效。

2. 文字标志

（1）高端的文字标志，通常都采取纯字体结构设计，字形变化较为含蓄，往往不对字体做任何修饰处理，色彩单一，风格简约、中性。

（2）市场型的文字标志，修饰的技法用得较多，比如用纹理的方法做装饰。字形结构的变形较为夸张，套色采用两种或更多的颜色，个性较为突出。在最初的CI形象设计当中，中外的设计者都会将文字作为主要设计元素进行构思。文字标志具有视听同步的特点，可以使大众通过标志中的文字，准确、快速地了解产品品牌的诉求特征，进而增强品牌印象（图5-14）。

图 5-14　各种文字标志

三、标准字体设计

标准字体是企业形象识别系统中的三大要素之一，它需要与标志组合来进行推广，并且具有明确的说明性，通过视觉和听觉同步传达信息，以强化企业形象与品牌的诉求力。经过精心设计的标准字体与普通印刷字体的差异性在于，除了外观造型不同，更重要的是它是根据企业或品牌的个性量身设计，对笔画的形态与粗细、文字间的连接与配置、统一的造型等，都作了细致严谨的规划，与常用印刷字体相比更具识别性，与标志的搭配性更好。

1.品牌的标准字体设计原则

品牌标准字体的设计，基本属于规范字体设计的范畴，需要具有良好的阅读性，字体风格应点到为止，不宜有过多的修饰，要确保信息传达准确无误（图5-15、图5-16）。

图 5-15 茶水吧的字体设计

图 5-16 手绘工作室的字体设计

2. 标准字的造型

标准字的造型要表现出独特的企业性质和商品特性。比如，由细线构成的字体易让人联想到纤维制品、香水、化妆品类（图 5-17）；圆滑的字体易让人联想到香皂、糕饼、糖果（图 5-18）；角形字体易让人联想到机械类、工业用品类。

图 5-17 化妆品标志

图 5-18 零食标志

四、标志的标准制图

标志在创意设计完成后，必须要进行严格精准的图形制作，同时制定统一权威的使用规范。在创意设计阶段，要有企业理念的科学支撑、头脑创意和灵光闪现的草图记录。

传统的标志标准制图包括方格坐标制图、尺寸比例制图、弧度角度标示、坐标标示等方法（图 5-19、图 5-20）。这些标准制图的方法在设计开发时更多的是针对人工制作标志。20 世纪 90 年代以前，户外广告牌的制作还是用的人工手绘方式，可想而知，在没有计算机制图的情况下，要将标志标准地绘制到大型户外广告牌上，方格坐标制图、尺寸比例制图等方法发挥着重要的作用。

随着科技的发展，计算机技术应用到各个领域，这些操作的技术在不断地改良与提升，设计行业的制作有了根本性的变化，制作精准度、画面尺寸、工艺难度都能通过更方便的方法解决，手工操作绘制变为多媒体放大、喷绘技术的广泛使用，人工制图基本上很少使用，标准制图的方法在使用范围内逐渐缩减。

但是基于标准制图的原理，标准制图的方法依旧是指导我们设计与制作的有效手段。在一些巨型室内外广告、大型立体标志或需要使用特殊材料的标志制作中，标准制图依旧发挥着有效而不可替代的作用。

图 5-19　方格坐标制图　　　　　图 5-20　尺寸比例制图

五、标志的最小使用规范

标志的最小使用是对标志缩小以后应用的规范设定。标志的缩小应用需要有一定的限度，同时需要对应用环境有一个设计的预想，根据最小的使用环境设定标志最小使用规范。

> **印刷字体的设计**
>
> 小贴士
>
> 印刷字体的设计是指对企业或品牌在各种不同应用载体上所表现出的印刷字体做出统一的规定。印刷字体是直接从电脑自带的字库当中挑选出来的。设计师在选择字体作为品牌的印刷字体的时候，应该掌握以下原则。
>
> （1）需要包含中文及英文两套语言的文字，在字体风格上会形成相对应的关系。例如，中文字库中的"黑体"对应英文字库中的"Arail"，"大黑"对应"Arail Black"，"大宋"对应"Times New Roman"等（图5-21）。
>
> （2）从字体的应用功能中选出粗体、中粗体和细体。粗体一般用于标题和口号之类，中粗体一般用于大标题和小标题，细体一般用于正文和注解。
>
> （3）印刷字体总体的风格要与品牌形象的整体风格相匹配。

图 5-21　计算机自带字体

标志的空间使用规范是对标志的保护性使用规范。一个品牌的标志经常会与其他品牌同时出现在一个地方，或在广告宣传时同一版面出现与宣传无关的文字、图形，为避免同时出现造成的识别障碍，必须要设置一定的距离，使其有相对独立的展示空间。

第三节　交通工具的外观设计

现代交通工具的外观设计一般分为两种情况：一种是规模较大的企业所配备的各种比较通用的车型，一般为轿车、面包车、大巴士、小型货车等；另一种是专业的运输型企业，如航空公司、货运公司、客运公司等，其附属的各类交通设施通常是大型的交通工具，如飞机、火车、地铁、轮船、大巴士、集装箱运输车、油罐车等。

交通工具是很多活动的广告媒体，有着非常明显的效果，尤其对于运输型的大型企业，交通工具的外观设计也是对品牌宣传的首要载体。如联邦快递公司旗下的各类运输工具，大到飞机，小到摩托车的车身设计，已形成了很大规模的整体化包装。

第四节　企业工作服设计的意义

一、树立企业形象

企业工作服在企业内部管理、员工归属感、企业凝聚力、整体视觉环境等方面发挥着重要的作用。统一规范的服饰能给大众一个管理严谨、作风规范的印象，从而产生好感与信任感，从视觉及心理的不同层面为品牌形象加分（图 5-22）。

(a)

(b)

图 5-22 企业统一服装

二、提高企业凝聚力

人是最有价值的企业资源,也是唯一一种会自我调控生产效率的资源。一个企业只有万众一心,才能将企业的人力资源效用发挥得淋漓尽致。因此,要想提高企业效益,首先要提高企业员工的凝聚力。

三、创造独特的企业文化

工作服的形象识别属于视觉识别的范畴，可以反映出员工的精神风貌，体现出企业的一种文化内涵。此外，设计独特并且有创意的工作服，还能体现企业的价值观和人才的多样化，比如深色调的工作服能体现企业的稳健作风，而颜色和款式设计大胆的工作服则体现出企业的创新精神（图5-23、图5-24）。

图 5-23　餐饮工作者服装

图 5-24　创意设计的工作服

四、规范员工行为

规范员工行为指的是对企业员工外在形象方面的具体要求，具体分为服装、发型、化妆、配饰等方面。无论下班时员工在干什么，只要上班后穿上工作服，员工马上会意识到自己已经进入工作状态，如果有的企业能够恰如其分地将工作服与员工行为联系起来，穿工作服就相当于一次"岗前会"。

1. 一致性原则

一致性原则是指员工的行为规范要与企业的理念保持一致，并且充分反映出企业理念；行为规范要与企业已有的各项规章制度保持一致，对员工行为的具体要求不能与企业制度相冲突；行为规范自身的各项要求应该和谐一致。

坚持一致性是员工行为规范存在价值的根本体现，这样的规范性要求容易被员工认同和自觉遵守，有利于形成企业文化合力，塑造和谐统一的企业形象。

2. 针对性原则

针对性原则是指员工行为规范的各项内容及其要求的程度要从企业实际出发，以便能够对良好的行为习惯产生激励和正强化作用，对不良的行为习惯产生约束作用和负强化作用，使得执行员工行为规范的结果能够达到企业预期的目的。

没有针对性、"放之四海而皆准"的员工行为规范，即便能够对员工的行为产生一定约束，也必然很空泛，而且对于塑造特色鲜明的企业行为形象几乎没有任何作用，从CI的角度来看没有任何意义。

第五节　企业包装设计

现在的包装设计不单单是保护、美化商品，也是一种强有力的营销手段，既包含对产品的推销，还兼具对品牌的推广，包装设计已经成为企业增加产品销量的一种关键因素所在。

随着中国参与国际竞争的程度不断加深，企业只有拥有良好的包装设计，才有机会在激烈的市场竞争中脱颖而出。因此，产品包装设计和企业品牌成为企业无形的优良资产，对提升产品和企业形象起到关键的作用。然而，经历了科技的变革和包装设计的日新月异，包装设计无论在设计和功能上都发生了巨大的变化，在以往包装设计的基础之上，受到新思潮与新观念的影响，现代包装设计逐渐形成（图5-25、图5-26）。

图5-25　企业包装设计　　　　　　　　图5-26　零食包装设计

一、现代包装设计的发展趋势

现代包装设计更加注重人性化设计，既要有绿色包装设计，还要有突出商品个性化的包装设计、现代商品的包装设计以及安全防伪的包装设计（图5-27、图5-28）。这样看来，整个包装设计的发展趋势与发展方向紧紧地联系在一起。现代包装设计的发展趋势首要一点就是要不断地创新和有新意。

1. 包装的视觉设计充满新意

创新是人类社会发展之源，也是艺术进步、求新、求变的不竭动力。包装设计作品应体现出一种个性化的美感，并富有创意。企业在面对竞争激烈的市场和挑剔的消费者的时候，唯有有创意的商品包装才能有吸引力、销售力，才能征服市场，赢得消费者的欣赏。

2. 注重可持续发展，强调绿色包装

商品的包装之所以被称为"垃圾文化"，实质是人们环保意识的增强，对一些浪费资源、污染环境的商品包装开始反感。21世纪绿色环保的提议掀起了以保护环境和节约资源为

图 5-27　现代商品的包装

图 5-28　创意铁盒

中心的绿色革命，绿色包装已经是世界包装变革的必然趋势。

中秋月饼作为我国传统的节日礼品，传递着家人与朋友之间的祝福，月饼文化的重要组成部分——月饼包装，自然也成为人们关注的重点（图5-29）。

图 5-29　中秋月饼盒

3. 个性化的包装设计

有很多产品在设计包装上追求简单，这些有创意的设计给消费者带来了乐趣，并且还提高了他们的消费欲望（图5-30、图5-31）。因此商家对消费者的需求有所关注，而在视觉设计这一方面，则是强调视觉的充实与舒适。

4. 品牌上的字体设计

品牌上的文字是包装中较为重要的组成部分，通常被安排在包装上最醒目的位置，而且这个部分的字体是最具有个性的，并且具有图形的创意设计的特征，同时也强调了产品和企业形象的重要元素（图5-32）。

产品的简介属于规定性的文字，在一些国际组织上对包装的文字有着强制规定，具

图 5-30　个性化包装一

图 5-31　个性化包装二

体包括：产品的具体描述、配料信息、营养成分、保质期、批准文号、生产企业和地址、注意事项等。这种文字的设计提倡简单明了，要采用规范的字体，排版的时候要注意整体感，能吸引大众的注意，传递品牌的信息，强化品牌的识别，更要便于大众阅读和理解（图 5-33）。

(a)　　　　　　　　　　　　　　(b)

图 5-32　品牌字体设计

包装上的字体设计需要传递一种强烈的情感，要吸引社会大众的关注。在设计的创作过程中，需要有意识地调动文字，不同的字体有着不同的个性，带给大众的视觉感受是不同的。

花体字是一种巴洛克风格的字体，典型的花体字风格是字笔画都被加长并且修饰得相当华丽，具有较强的装饰性，可以体现出优雅和浪漫的感觉（图 5-34）。

5. 展示出信息的多个层次

包装上的文字信息要有分明的层次感，这就意味着设计师要记住字体设计及编排的规律。信息的层次感离不开所设定的视觉流程。视觉流程指的是视线随着各种视觉元素的空间，沿轨迹运动的过程。

设计师必须先了解包装中的文字信息等级，精心营造品牌的名称和产品说明、品种类型、电话地址等文字内容的视觉流程。利用视觉规律，有目的性、合理地安排文字，引导消费者的视觉随着编排中各要素的有序组织，从主要内容依次观看下去，如此使消费者有一个清晰、流畅、迅速的信息接收过程（图 5-35）。

CI 设计

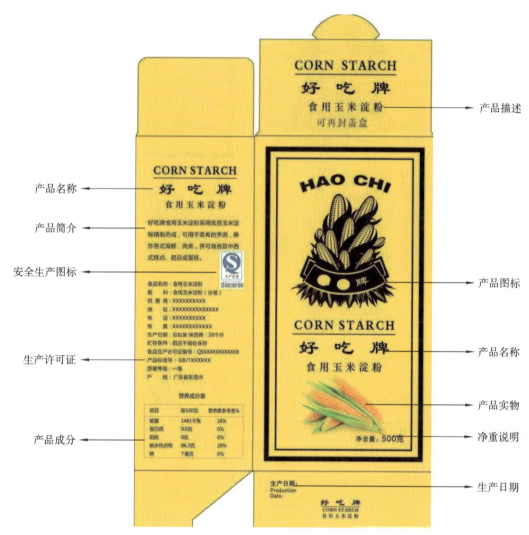

图 5-33 字体创意设计

图 5-34 花体字

图 5-35　产品包装信息

二、图形设计

1. 包装的图形设计

对产品的视觉形象进行信息内容的组织，清晰地表达信息内容，形成完整的视觉语言。图形语言的可视化和可读性，使得它能够跨越地域、民族以及语言的障碍和文化差异，这正是包装设计中图形被广泛运用的原因（图 5-36）。

(a)　　　　　　　　　　　　　　　　　　(b)

图 5-36　包装上的创意图形

2. 装饰形象

一些商品的包装设计，为使包装产生极强的形式感，而选用抽象或有吉祥寓意的装饰形象（图 5-37）。

三、包装设计的三大要素

1. 外形包装要素

外形主要是指展示给大众的商品的包装表面，包括展示面的大小、尺寸和形状。日

CI 设计

图 5-37 装饰形象

CI 在包装设计中要注意的要素

1. 明确鲜明的包装主题

商品都会有一种或多种特点，将这种特点表现出来，促使消费者选择该商品。我们在进行包装构思时，要对自己商品的特点加以分析，选择最能体现商品特征、最具有号召力的特点，同时要求这一特点应是市场同类产品所不具备的，只有这样才能达到用"包装说话"的效果。

2. 选择适当的表现形式

（1）商品信息型。其表现重点在商品本身或某一特别值得宣传的局部。

（2）消费信息型。通过消费者对商品实际使用效果的表现，突出商品给人们带来的物质上和精神上的满足，也叫情感式。

（3）附加型。利用与商品本身没有直接关系的风景名胜等画面提高商品身价，产生美好联想。

3. 明确商品名、说明文字、商标、插图、公司名称（随文）、背景色彩与质感

设计应具有简洁单纯的视觉效果；应勇于创新，生动有趣；应有针对性；应与广告标题一致。

小贴士

常生活中我们所见到的形态有三种，即自然形态、人造形态和偶发形态。我们在研究产品形态构成的时候，必须要找到各种适用于任何性质的形态（即把共同的规律性的东西抽出来，也称为抽象形态）。

形态构成就是外形要素，或称为形态要素，就是以一定的方法和法则构成各种千变万化的形态。包装设计者必须熟悉形态要素本身的特性，并以此作为表现形式美的素材。包装外形要素的形式美法则主要从以下八个方面加以考虑：对称与均衡法则、安定与轻巧法则、对比与调和法则、重复与呼应法则、节奏与韵律法则、比拟与联想法则、比例与尺度法则、统一与变化法则。

2. 包装构图要素

构图是将商品包装展示面的商标、图形、文字和色彩组合排列在一起，形成一个完整的画面，这四个方面的组合共同构成了包装设计的整体效果。商标、图形、文字和色彩运用正确、适当、美观，就可称为优秀的设计作品。

3. 材料要素

材料要素是商品包装所用材料表面的纹理和质感，它往往影响到商品包装的视觉效果。利用不同材料的表面变化或表面形状，可以达到商品包装的最佳效果。

无论是纸张、塑料、玻璃、金属、陶瓷、竹木还是其他复合材料，都有不同的质地肌理效果。运用不同材料并妥善加以组合配置，可给消费者以新奇、清新或豪华等不同的感觉。材料要素是包装设计的重要环节，它直接关系到包装的整体功能和经济成本、生产加工方式及包装废弃物的回收处理等多方面问题。

小贴士

包装设计中的商标设计

商标是一种符号，是企业、机构、商品和各项设施的象征。商标是工艺美术，它涉及政治、经济法制以及艺术等各个领域。商标的特点是由它的功能、形式决定的。它要将丰富的传达内容以更简单、更概括的形式，在相对较小的空间里表现出来，同时需要观察者在较短的时间内理解内在的含义。商标一般可分为文字商标、图形商标以及文字图形相结合三种形式。一个成功的商标设计，应该是创意表现有机结合的产物（图5-38）。创意是根据设计要求，对某种理念进行综合、分析、归纳、概括，化抽象为形象，将设计概念由抽象的设想逐步转化为具体的形象设计。

图 5-38　包装设计上的个性图标

本 / 章 / 小 / 结

本章介绍了 CI 设计中的应用系统，将 CI 设计由理论具体至实践，并与其他学科相结合，如环境设计、展示设计、工业设计等。CI 设计是一套完整、复杂的设计体系，与各个学科门类相互穿插，不断拓展创意思维。这也要求设计师具备更广的思维动态和更敏锐的眼光，不断获得新思路来激发自己的创意。

思考与练习

1. 环境指示导向系统在 CI 中起到了哪些作用？

2. 环境指示导向系统的设计原则有哪些？

3. 一个完美的企业标志需要具备哪些元素？

4. 标志制图的方法主要有哪些？

5. 企业员工的服装对整个企业文化有哪些重要作用？

6. 包装设计还有哪些风格？这些风格化的包装对企业有什么样的影响？

7. 简要概述 CI 在包装设计中需要注意的要素。

8. 结合在网上查找的资料，请简单叙述现代企业包装设计在 CI 中起到的作用。

9. 结合自己对包装设计的理解，设计出一个有创意的包装展开图。

第六章
CI 设计案例赏析

学习难度：★★☆☆☆

重点概念：标志、色彩、字体、形象识别

章节导读

　　CI 应用系统设计是将基础部分严格规定的标志、色彩、字体，以及组合方式应用于企业或产品在应用实施环节涉及的不同用品上，使品牌视觉要素得以统一再现。值得一提的是，CI 设计依据项目类别的不同（企业类、产品类，环境类等），在设计项目列表上存在很大的差异。因此在具体操作时切不可简单套用通行的项目列表，而应当从实际出发，按需设计。在应用识别系统的制定中，应保证实用性原则。除了图例以外，良好的 CI 手册版式以及有序合理的标题、注解、文字说明等，都是保证后期能按标准执行的必要因素（图6-1）。

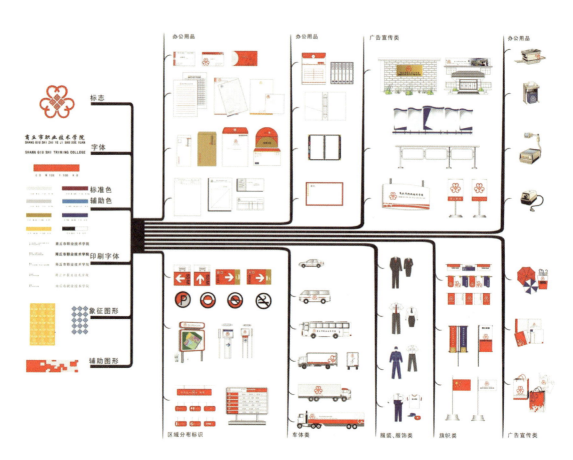

图 6-1 完整的 CI 设计

第一节 火锅店（玉林串串香）CI 设计案例赏析

一、企业简介

串串香是成都的一种特色火锅。而玉林串串香则是串串香行业的第一家企业，被称为"吃上一口就可以上瘾"的火锅。另外，在店内装修方面，古色古香的矮木桌子和宽木板凳成为它独具的特色。经过 20 年的不断改进与创新，玉林串串香现已成为成都的著名商标，分店遍布全国各地。

二、图标说明

图 6-2 为火锅店的图标，白色部分既像是从火锅中袅袅升起的热气，又像是一根串着美味食材的串串。在中国传统文化意识中，黑色的食物被认为是对身体最有益的食物。图标中以黑色与红色相结合，代表着玉林串串香是一锅集美味与营养于一体的上乘佳肴。红色代表热烈、火辣，就像是进入口齿间的串串，给人带来辣中有麻、醇香而炙热的美味享受。

图 6-2 玉林串串香图标

三、VI 应用

（1）名片（图 6-3）。

名片上的文字为持有者的基本信息。图中的祥云图案采用与底色同色调不同明度的颜色来勾勒，增加版面层次感的同时，使版面色彩给人和谐舒适感。同时，祥云既蕴含着祥瑞如意的美好寓意，其形状又与吃串串时的袅袅热气相似，呼应了名片的主体——串串香。

（2）工作牌（图 6-4、图 6-5）。

企业根据员工职务的不同制作不同形式的工作牌，便于在工作中进行有效识别，使员工各司其职，在工作的各个环节出现问题或是分配任务时，快速找到相关职务的工作人员。同时，多种形式的工作牌也能彰显出该企业的实力，体现出大企业的风范。

（3）工作服（图 6-6、图 6-7）。

图 6-3 员工名片

图 6-4 服务员工作牌

图 6-5 其他部门的工作牌

图 6-6　男员工工作服　　　　　　　　图 6-7　女员工工作服

（4）车身广告（图 6-8）。

(a)　　　　　　　　　　　　　　(b)

图 6-8　车身广告

（5）礼品袋、纸杯、钢笔、信封等配套物件（图 6-9～图 6-14）。

第六章 CI 设计案例赏析

图 6-9 礼品袋图

图 6-10 纸杯

图 6-11 钢笔

图 6-12 信封

图 6-13 贺卡

图 6-14 钥匙扣

第二节 楼盘销售(国控御景台)CI 设计案例赏析

一、企业简介

随着中国房地产市场的不断发展,楼盘销售日渐成熟,新楼盘在开盘前就已经进行了相应的 CI 设计,高品质的 CI 设计对后期的楼盘销售起着决定性作用。

国控御景台是由郑州国控西城建设有限公司所开发的高档住宅楼盘,不论是所处地段还是楼盘自身的品质都是值得期待的。

二、图标说明

根据图 6-15 所示的楼盘图标可以看出,"御景台"三个字的字体是在宋体的基础上加以变形,既有皇家的庄严,又不显得古板。所有的文字均采用金色,表达了该楼盘的高贵典雅。

此外,将"国控"放在楼盘名称前,强调该楼盘的权威性。

图 6-15 国控御景台图标

三、VI 应用

(1)名片(图 6-16)。

图 6-16 员工名片

该楼盘的名片正面及背面,从底色到文字均使用企业标准色(图 6-17)进行搭配,使企业达到了 VI 形象的统一。

图 6-17 企业标准色

（2）宣传广告牌（图6-18～图6-20）。

图6-18　候车亭广告牌展示

图6-19　项目地址建筑外墙广告

图6-20　路灯杆广告牌

（3）信封、便笺（图6-21、图6-22）。

图6-21　信封

图6-22　便笺

（4）手提袋、纸杯、杯垫（图6-23～图6-25）。

图 6-23　纸质手提袋　　　　　　　　　图 6-24　布艺手提袋

图 6-25　纸杯、杯垫

企业共设计了两款纸杯和杯垫，均采用企业标准色。纸杯用深色作为底色时，杯垫则采用浅色；纸杯用浅色作为底色时，杯垫则采用深色，配色统一中力求变化。

第三节　制造、加工行业（友邦袜业）CI 设计案例赏析

一、企业简介

浙江友邦袜业有限公司是一家专业生产袜类系列产品，集开发、设计、生产、销售和服务于一体的现代股份制企业。企业目前生产的产品有由功能性纤维、天然纤维、化学纤维和毛类等原料制作的高档成人袜、运动袜、童袜、毛圈袜、袜裤、船袜等几十个品种，款式近千种。产品因品质过硬、款式新潮而享誉国内外。友邦已成为众多名牌袜

子的生产加工基地,产品外销地以欧、美、日发达国家为主,内销网点遍布全国,赢得了中外客商的一致好评。

二、图标说明

图标以企业名称的拼音"YOUBANG"为设计主体,"Y"形似一只昂首展翅的飞鸟,意喻企业品质始终走在行业前端,与上方的小字母"INTERNATIONAL"相结合,传达出"国际品质,世界认可"的企业理念(图6-26)。

此外,还对每个字母进行和谐统一的优化设计,使之更具独特性。橘红色代表了企业的活力和求新求变的动力。

图 6-26　友邦袜业图标

三、VI 应用

(1)名片、工作牌(图6-27、图6-28)。

图 6-27　员工名片

图 6-28　员工工作牌

(2)工作服(图6-29～图6-32)。

图 6-29　行政人员春夏工作服　　　　图 6-30　行政人员秋冬工作服

图 6-31　生产人员春夏工作服　　　　图 6-32　生产人员秋冬工作服

（3）车身广告（图 6-33）。

车身侧面以企业标准色中的橘色作为背景色块，用白色标明企业图标，鲜明直接地展示企业名称，右上面配上企业联系电话，起到宣传展示作用。车头上部展示企业图标，简单明了。车后备厢开门处展示企业名称，与车头相呼应。

图 6-33　车身广告

（4）宣传海报（图 6-34、图 6-35）。

图 6-34　宣传海报　　　　图 6-35　高速公路广告牌

（5）袜子挂头及产品包装（图6-36～图6-39）。

图6-36　袜子挂头

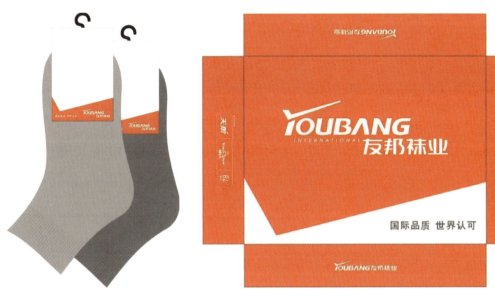

图6-37　礼品包装

图6-38　手提纸袋

图6-39　塑料手袋

（6）办公用品（图6-40～图6-47）。

图6-40　信封

图6-41　请柬

CI 设计

图 6-42 信纸

图 6-43 台历

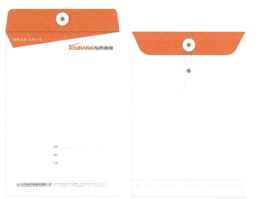
图 6-44 文件袋

图 6-45 合同书

图 6-46 办公笔筒

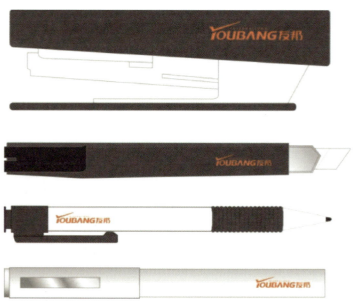
图 6-47 其他办公文具

（7）其他配套物件（图6-48～图6-51）。

图6-48　纸杯

图6-49　马克杯

图6-50　纪念雨伞图

图6-51　广告遮阳伞

本 / 章 / 小 / 结

　　本章介绍了一些优秀 CI 设计作品供大家参考，涵盖面广，设计形式多样。参考时多关注设计细节与色彩选定，时刻把握 MI 与 BI 设计中的关键环节。还可以收集一批优秀作品的矢量图备用，时刻更新自己的资料库，与社会时尚前沿保持一致。

思考与练习

1. 国内外的品牌 CI 系统有哪些相似点？

2. 结合文中图片的解释，再上网寻找其他的知名品牌进行分析。

3. CI 应用对企业的管理有着怎样的理论点？

4. 现在的品牌的 CI 系统有何创新？谈谈其中的原因。

5. CI 手册对企业的重要性是什么？

6. 结合资料设计一个完整的 CI 手册。

参考文献
References

[1] 柯平.图书馆组织文化：CIS、形象设计与文化建设［M］.北京：国家图书馆出版社，2017.

[2] 高彬.CIS 企业形象设计［M］.北京：人民邮电出版社，2015.

[3] 田恒权.CI 设计［M］.合肥：合肥工业大学出版，2010.

[4] 陈绘.VI 设计［M］.北京：北京大学出版社，2017.

[5] 刘平，王南.VI 设计项目式教程［M］.北京：人民邮电出版社，2015.

[6] 肖勇.标志与 VI 设计［M］.北京：中国轻工业出版社，2016.

[7] 吴华堂，张振中.品牌形象与 CI 设计［M］.青岛：中国海洋大学出版社，2014.

[8] 陈洁.VI 设计实训教程［M］.北京：北京大学出版社，2015.

[9] 韦云.企业 VI 设计［M］.北京：北京大学出版社，2014.

[10] 王旭玮.标志与 VI 设计［M］.武汉：华中科技大学出版社，2011.

[11] 郭玉良.CI 品牌策划与设计［M］.北京：中国电力出版社，2015.